헤어디자이너를 위한
고객과의 대화법

헤어 디자이너를 위한 고객과의 대화법

유월사일

커트 기술에는 기본 기술이 있으면서, 어째서 카운슬링에는 기본 기술이 없을까?

재작년 가을부터 방문강연을 실시하고 있는 모 헤어샵에는 Y씨와 U씨라고 하는 두 명의 여성 스타일리스트가 있습니다.

둘은 입사동기이자 같은 미용학교 출신입니다. 사적으로도 사이가 좋은 두 사람은 붙임성이 좋은 데다가 상당한 미인들입니다. 신입시절부터 선의의 경쟁을 펼치며, 입사 4년 차인 봄에 함께 스타일리스트로 데뷔했습니다.

같은 학교에서 공부를 하고, 같은 직장에서 기술을 닦으며 순조롭게 성장해온 두 사람입니다만, 스타일리스트로 데뷔한 이후부터 명확한 차이가 나타나기 시작했습니다. 바로 매출입니다.

Y씨는 데뷔 3년 차에 월간 120만 엔 전후의 일정한 매출을 유지하기 시작했습니다. 한편 U씨는 평균 60만 엔 수준으로 줄곧 제자리걸음 상태가 이어졌습니다.

입사 이후, 동일한 환경에서 미용사의 길을 걸어 온 두 사람이지만, 매출은 두 배 이상의 차이가 나는 현실. 영업에 임하는 열정의 차이에 원인이 있었을까요? 아닙니다. 그렇지 않습니다. 오히려 고객을 유지하기 위한 DM 및 메일 발송 등의 노력을 게을리 하지 않는 사람은 U씨입니다.

'결국 Y씨에게는 매출을 올리는 커뮤니케이션 센스가 있고, U씨에게는 커뮤니케이션 능력이 부족하다고 할 수 있습니다.' 라는 말로 이 상황을 정리하면서, 실제로 개인차를 인정해야 할까요?

어째서 서두부터 이런 이야기를 하냐고 물어본다면, 방금 전에 소개한 두 명의 스타일리스트의 '대조적인 상황'이야말로 수많은 헤어샵이 공통적으로 안고 있는 심각한 경영과제이기 때문입니다.

예를 들어 커트 기술에는 기본 기술이 있기 때문에 성실히 익히면 누구나 비슷한 스타일의 커트를 완성할 수 있습니다. 그에 반해 카운슬링에 필요하고, 매출을 올리기 위해 필요한 고객과의 커뮤니케이션에는 기본 방법론이 확립되어 있지 않습니다.

커뮤니케이션의 방법론이 확립되어 있지 않기 때문에 수많은 헤어샵에서 앞선 두 여성 스타일리스트처럼 '매출을 올리는 대인관계 센스를 가진 사람은 별다른 말을 하지 않아도 실적이 따라오는 반면, 기술은 있지만 센스가 부족한 사람은 실적부진에 시달리게 됩니다.' 라는 말로 개인간의 격차를 해소할 수는 없습니다. 즉 매출을 올리는 중요한 임무가 사실상 '개인'에게 달려 있습니다. 이처럼 '불확실한 상태'가 지속되는 것이야말로, 헤어샵 경영에 매우 중요한 리스크가 아닐까요?

수많은 헤어샵에서 하루빨리 해결해야 할 과제는 기본 매뉴얼처럼 누구나 일정의 매출을 올릴 수 있으며(주로 카운슬링 단계에 사용), 효과적으로 고객과의 커뮤니케이션을 나눌 수 있는 방법을 마스터하여 실천하고, 상황을 개선하는 것입니다.

제 소개가 늦었습니다. 저는 전국에 있는 헤어샵을 대상으로 스타일리스트들의 매출신장을 위한 '효과적인 카운슬링 방법(이하 카운슬링 기술)'을 알려주고 있는 세미나 강사 하시모토 마나부입니다.

지난 10여 년간 주로 방문강연을 통해 약 1만 명에 달하는 스타일리스트에게 매출신장으로 직결시키는 '카운슬링 기술'을 알려주며, 성장을 돕고 있습니다.

참고로 앞서 소개했던 두 명의 여성 스타일리스트 중, 월간 매출 평균 60만 엔으로 고전하고 있던 U씨는 현재 100~120만 엔 사이의 매출을 올리고 있으며, 대인관계 센스가 우수한 Y씨는 안정적으로 170만 엔 전후로 매출을 끌어올렸습니다.

이러한 매출을 올리는 데 소요된 기간은 약 2년입니다. 그녀들이 특별한 것은 아닙니다. 그녀들 이외에도 월간 매출 100만 엔 미만으로 고민하던 스타일리스트들이 이 책에서 알려주는 카운슬링 기술을 실천하기 시작한 지 1년 만에 150~200만 엔 수준으로 급성장한 사례가 전국 각지의 헤어샵에서 지금 이 순간에도 계속되고 있습니다.

어떻게 이러한 성과를 이루게 되었을까요? 여러 가지 요인이 있지만 그 중에서 가장 중요한 것은 인간심리, 더욱이 여성심리의 특성을 적절하게 파악하고, 카운슬링 과정에서 고객에게 효과적인 질문을 던졌을 때 매출이 오르게 되며, 고객으로부터의 호응을 얻을 수 있게 됩니다. 이는 커뮤니케이션 스킬을 몸에 익히고, 습관화하였기 때문입니다.

본문에서 전하는 내용을 이해하고, 실천하다보면 당신은 다음과 같은 성과를 손에 넣을 수 있습니다.

• 내일부터라도 당장 추가메뉴 신청이 들어오고, 1인당 단가가 상승한다.

• 고객을 잃을 확률이 크게 줄어들고, 신규고객의 재방문율이 상승하여 담당 고객수가 증가한다.

• 다음 방문의 예약률이 상승하며, 더욱이 고객의 방문 사이클이 단축되기 때문에 연간 총 고객수가 증가한다.

• 매장판매 제품을 싱거울 정도로 간단하게 판매할 수 있다.

하지만 본문의 내용은 이러한 스타일리스트의 '작은 성공'을 체험하기 위한 노하우만 설명하고 있는 것은 아닙니다.

그 의미를 이해할 수 있도록, 지금 당장 1장의 내용으로 넘어가길 바라지만 그 전에 본문을 이용하는 방법에 대해 잠시 설명하도록 하겠습니다.

저자로서 당신에게 알려주고 싶은 가치, 즉 본문에서 전달하는 내용을 통해 '당신이 손에 넣을 수 있는 이익'을 한 문장으로 정리하면 다음과 같습니다.

"이후 어떤 경제환경에 처하더라도 당신과 함께하는 모든 고객이 행복해지고, 미용사 인생의 마지막 순간까지 경제적인 측면이나 정신적인 측면 모두 풍요롭게 살아갈 수 있다. 이를 위해 필요한 비즈니스 스킬을 몸에 익혀라."

본문에서 전달하는 에센스를 이해하고, 열정을 가지고 실천하다보면 당신의 바람은 반드시 이루어질 것입니다.

이를 위해 필요한 현실적인 지식, 노하우, 구체적인 방식을 본문에 담았습니다.

본문 내용은 제가 직접 헤어샵 현장에서 경험하고 반복해왔던 고객과의 대화 장면을 다양하게 재현하면서 실용성을 높였습니다. 극단적으로 말해서 본문의 내용을 통으로 암기해서 현장에서 실천해보는 것만으로도 바로 효과가 나올 정도로, 실천적인 내용을 담았습니다.

물론 읽는 도중에 '실제로 이렇게 잘 될까?'라는 의문을 가지게 되는 장면도 있겠지요. 하지만 비판적인 사고를 배재하고 우선 실제로 잘 된 '커뮤니케이션 형태'를 머릿속에 주입시켜 구조를 몸으로 익힌다는 생각으로 노하우를 익혀보세요.

특히 현재 수많은 헤어샵에서 공통적으로 안고 있는 영업과제를 해결하기 위한 실무 레벨의 노하우는 '1인당 단가 UP, 재방문율(다음 예약) UP, 매장판매 제품 UP'으로 이어지는 내용을 중심으로 소개하겠습니다.

이 세 가지에 주목한 이유는 예를 들어 볼링에서 센터핀을 쓰러트리면, 높은 확률로 스트라이크를 획득하는 것과 마찬가지로 선택의 폭을 좁히면 전체 실적이 자연스럽게 오를 것이라고 생각하기 때문입니다.

당신은 우선 이 세 가지 점을 정복하여, 한 명의 플레이어로서 커다란 성공을 경험해 보길 바랍니다. 그리고 그 경험을 살려 훌륭한 리더가 되어 주변 동료들의 성장을 도와주십시오.

이 책은 이른바 성장을 만들어가는 '마법의 램프'입니다. 잘 활용하여, 원하는 바람을 차례로 이뤄가기를 진심으로 기원합니다.

2016년 7월 하시모토 마나부

| 목차 |

카운슬링 회화술 1장

당신이 매출을 늘리지 못하는 진짜 이유

카운슬링 회화술 2장

지금의 상태를 바꾸는 첫걸음은 카운슬링 재검토부터

카운슬링 회화술 3장

모든 손님을 반드시 재방문하게 만드는 카운슬링 기술

카운슬링 회화술 4장

잘 나가는 스타일리스트의 조건을 갖춰라 ①
당신의 목표 매출에 필요한 고객수를 확실하게 확보하는 방법

카운슬링 회화술 5장

잘 나가는 스타일리스트의 조건을 갖춰라 ②
당신의 'VIP고객'을 늘리기 위한 무기와 사용방법

카운슬링 회화술 6장

새로운 시대, 성공하는 스타일리스트의 업무기술

헤어디자이너를 위한
고객과의 대화법

1장

당신이 매출을
늘리지 못하는
진짜 이유

고객의 발길이 끊긴 이유는
헤어샵에 갈 의미가 없기 때문에

'헤어샵에 갈 의미가 없어.'라고 느끼는 고객이 늘고 있다.

올해 시무식에서 고문을 맡고 있는 헤어샵의 오너와 새해인사를 주고받았을 때의 일입니다.

하시모토 마나부 "새해가 되자마자 총괄점장으로부터 12월 업무실적을 받았습니다. 놀랍게도 전년도 대비 106% 매출이 증가한 실적이었습니다. 개인적으로 작년 회사의 내부상황을 고려했을 때, 이번 성장률은 단순히 숫자로만 측정하기 어려울 정도로 다양한 의미에서 활약한 한 해였다고 생각하는데요. 오너는 이번 실적결과에 대해서 어떻게 생각하세요?"

오너 "맞아요. 작년에는 지금껏 경험해 본 적이 없을 정도로 직원교체가 잦았지요. 한때는 혼란을 겪기도 했지만 결과적으로 4분기 연속성장을 이루었네요. 직원들의 노고에 정말로 감사할 따름입니다."

이 회사는 작년 봄, 다섯 번째 신규매장을 오픈하자마자 퇴직자가 속출했습니다. 결혼으로 갑작스럽게 퇴사하거나, 남편의 전근 발령으로 이사를 해야만 하는 상황이 발생하기도 했고, 질병으로 인한 장기치료 진단을 받은 사람이 비슷한 시기에 급증하는 바람에 신속한 부서배치와 이동이 불가피했습니다.

게다가 퇴직자들의 대부분이 임원급과 중간관리자급으로 상당한 전력하락이 발생하여, 일시적으로 혼란을 피할 수 없는 상황에 빠졌습니다.

하지만 '위기 뒤에 찬스가 있다.'는 말처럼 공백을 메우기 위해 젊은 스타일리스트들이 경쟁하듯 매출을 올려준 덕분에 과거 최고 매출을 기록했던 작년보다 6% 뛰어넘는 결과로 한 해를 마무리할 수 있었습니다.

오너 "직원들 덕분에 우리 회사는 유종의 미를 거둘 수 있었지만, 타사는 힘겨운 시간을 보냈지요. 엊그께 동료 오너 10명이 모여 신년모임을 가졌는데, 전체의 80%가 전년도를 밑도는 매출을 기록했다고 해요. 그 자리에서 (우리 회사의) 매출액을 솔직히 말할 수 없었답니다(쓴웃음)."

'한 해를 깔끔하게 마무리 하고 싶다.'라는 연말연시의 들뜬 마음도 해를 거듭할수록 희미해져 가는데, 과거 실적을 바탕으로 예상매출을 계획하는 것 자체가 위험한 판단이라고 생각해야하지 않을까요? 2013년부터 일본정부가 내세운 경제정책의 효과를 소비자가 실감하지 못한 상태에서, 만성적인 점포과잉 이슈가 지속되다보니 대다수 헤어샵들이 겪는 실적부진은 어쩌면 당연한 일인지도 모릅니다.

그러한 사정이 있다 하더라도, 왜 이렇게까지 고객의 발걸음이 뜸해진 것일까요? 제가 생각하는 가장 큰 요인은 다수의 소비자가 '미용실에 가봤자 의미 없어.'라고 느끼는 데에 있습니다. '우리가 최선을 다해 제공하는 서비스를 〈의미 없다〉는 식으로 말하다니, 말도 안되는 소리 하지 마세요!'라며 반감을 살 수도 있으니, 이어서 자세하게 설명하겠습니다.

고객에게 '말이 통하지 않는 스타일리스트'란?

헤어샵에 가봤자 '의미 없어.'라고 느끼기도 하고, 심지어 고통을 호소하는 소비자가 의외로 많습니다. 이는 대화를 자연스럽게 이어나가는 스타일리스트가 적기 때문입니다. 고객에게 '말이 잘 통한다.'라는 말은, '자신의 마음을 잘 알아준다.'는 의미입니다.

제가 실시하고 있는 방문강습에서 카운슬링 역할극을 할 때가 있습니다. 역할극을 해보면 대번에 알 수 있습니다. 대부분의 스타일리스트는 헤어스타일 만들기에만 집중할 뿐, 정작 중요한 고객의 기분(=감정)은 이해하려 하지 않습니다. 과연 이게 무슨 말일까요? 다음 대화를 통해 알아봅시다.

스타일리스트 "오늘은 어떻게 해드릴까요?"

고객 "오늘은 짧게 잘라주세요."

스타일리스트 "짧게 말이죠, 어느 정도 잘라드릴까요?"

고객 "음, 어느 정도 자르면 좋을까요?"

스타일리스트 "잡지를 보면서 함께 찾아볼까요?"

이곳에 100명의 미용사가 있다면, 99명은 '뭐가 문제죠?'라고 생각하겠지요. 좀전의 대화처럼 대부분의 스타일리스트는 '짧게 자르고 싶다.'라는 말을 들으면, '얼마만큼 자르고 싶은가?'라는 기술과 방법의 '형태론'으로 고객의 말에 대응합니다. 헤어샵은 고객이 헤어스타일을 정돈하러 오는 곳이니, 스타일리스트의 이러한 대응이 올바르다고 생각하겠지요. 그런데 고객은 이런 대응을 '의미 없다.'고 생각합니다.

대다수의 스타일리스트에게 부족한 '왜?'라는 관점

결론부터 말하자면 대부분의 고객은 자신이 '짧게 자르고 싶다.'라고 말했을 때, 담당 스타일리스트가 '왜 짧게 자르고 싶어 할까?'라는 의문을 가지고 자신의 감정을 파악한 상태에서 시술에 들어가길 바랍니다. 왜냐하면 '왜?'라는 관점에 고객이 원하는 헤어스타일의 '진짜 목적'이 숨겨져 있기 때문입니다.

다시 한번 다음 대화를 통해 살펴봅시다.

고객 "오늘은 짧게 잘라주세요."

스타일리스트 "짧게 자르고 싶으시군요. 혹시 짧게 자르고 싶은 이유를 물어봐도 될까요?"

고객 "산뜻하게 기분전환 하고 싶거든요."

스타일리스트 "산뜻하게 기분전환이라……. 무슨 안 좋은 일이라도 있으셨어요?"

고객 "사실은 최근에 어머니를 간병하느라 조금 지친 상태거든요. 그래서 기분전환이라도 해볼까 해서요."

스타일리스트 "어머, 힘드시겠어요. 산뜻하게 기분전환을 하려면 짧게 커트하는 것 말고도 볼륨감 있는 파마로 인상을 부드럽게 바꾸거나, 밝은 색으로 염색을 하는 방법도 추천하는데요. 어떠세요?"

고객 "파마, 괜찮겠네요."

이처럼 '커트' → '얼마만큼 자르겠다.'로 대화를 이어가기 전에 고객에게 '왜?' 자르고 싶은지 이유를 묻습니다. 이번 사례에서는 '짧게 자른다.' → 왜냐면 '산뜻하게 기분전환을 하고 싶으니까' → '간병으로 지쳐 있으니까'처럼 고객이 커트를 원하는 진짜 목적을 알 수 있습니다.

스타일리스트는 얼마만큼 자르겠다는 형태론이 아닌, 고객의 목적이나 감정인 '심리세계'를 먼저 이해하고, 공감해야 합니다.

특히 카운슬링을 하고 있는 이러한 상황에서 고객은 '이 사람은 정말로 내 마음을 잘 알아주는구나!'라고 생각하게 되고, 비록 첫 만남이지만 스타일리스트에게 커다란 신뢰감을 갖게 됩니다.

스타일리스트가 고객의 마음을
사로잡지 못하는 진짜 이유

공감받고 싶은 여자의 뇌, 해결하고 싶은 남자의 뇌

'고작 이 방법으로 고객의 신뢰를 얻을 수 있다면 고생할 필요가 없겠지요.'라고 생각한다면, 여자의 심리에 대해 조금 더 관심을 가질 필요가 있습니다. 특히 여자의 뇌는 타인이 자신의 감정(희노애락)을 공감해주는 것만으로도 강한 만족감은 얻는다는 특성이 있습니다.

앞에서 언급한 사례에서 고객은 단순히 머리카락을 커트하고 싶은 것이 아니었고, 스타일리스트는 어머니의 간병으로 인한 피로감과 기분전환을 원하는 고객의 속마음을 읽어낸 것입니다. 그리고 기분전환에 도움이 되는 적절한 시술을 제안했을 뿐입니다. 이 대화를 통해 고객은 '내 마음을 잘 알아주는구나!'라는 신뢰감을 갖게 됩니다.

여전히 앞선 설명에 대해 '물음표'를 떠올리는 사람들을 위해, 여성 심리의 이해를 돕기 위한 인간의 뇌에 대해서 알아봅시다.

서점의 심리학 및 커뮤니케이션 코너에는 뇌 구조에 따른 남자와 여자의 다양한 차이를 해설한 수많은 서적이 진열되어 있습니다. 공통적으로 설명하는 대표적인 남녀의 차이를 꼽자면 여자의 뇌는 '공감받고 싶은 뇌'이고, 이에 반해 남자의 뇌는 '해결하고 싶은 뇌'라는 점입니다.

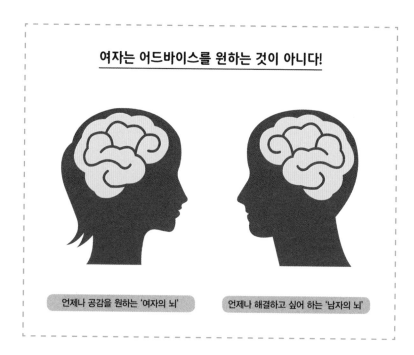

여자는 어드바이스를 원하는 것이 아니다!

언제나 공감을 원하는 '여자의 뇌'

언제나 해결하고 싶어 하는 '남자의 뇌'

남녀의 차이를 일상에서 흔히 일어나는 상황에서 찾아보면, 여자가 상담을 원했을 경우 남자의 대응과 그에 대한 여자의 반응이 있습니다. 남자와 여자의 사고방식에 얼마만큼 차이가 있는지 여실히 나타나는 부분이지요.

가령 당신이 남자이고, 여자로부터 직장 내 인간관계에 대한 상담을 제안 받았다고 합시다. 어떤 반응을 보일까요? 아마도 이야기를 끝까지 들은 후, 당신 나름의 해결법을 생각해서 '나라면 이렇게 하겠어.'라며 조언을 할 것입니다.

반대로 남자로부터 조언이라는 형태로 상담을 받은 여자인 당신은, 어떻게 느낄까요? 아마도 '뭐라고? 어디서 잘난 척이야. 당신의 의견을 물은 게 아니잖아.'라며 반발심을 느낄 것입니다.

여자는 상대방에게 조언을 요구하는 것이 아니라 자신의 고민을 누군가에게 털어놓는 행위로 마음의 안정을 바라거나, 공감을 얻고 싶어 합니다. 이처럼 여성심리의 진짜 의미를 알았을 때, 남자는 할 말이 없어집니다. 남자의 논리로 해석하자면, 누군가 자신에게 고민을 털어놨을 때 '상대방은 고민에 대한 정답을 얻기 위해서'라고 이해하기 때문입니다.

고객이 스타일리스트의 제안을 호의적으로 받아들이기 위해서는

그렇다면 뇌에 관한 남녀의 차이를 방금 전 카운슬링 장면에 맞춰 다시 한번 생각해봅시다.

고객 "오늘은 짧게 잘라주세요."

스타일리스트 "짧게 말이죠, 어느 정도 잘라드릴까요?"

이 대화는 '해결하고 싶은 뇌'의 반응입니다.

그에 반해, 다음 대화는 여자의 '공감받고 싶은 뇌'의 욕구를 만족시키는 적절한 대응입니다.

고객 "오늘은 짧게 잘라주세요."

스타일리스트 "짧게 자르고 싶으시군요. 혹시 짧게 자르고 싶은 이유를 물어봐도 될까요?"

고객 "산뜻하게 기분전환하고 싶거든요."

스타일리스트 "산뜻하게 기분전환이라……. 무슨 안 좋은 일이라도 있으셨나요?"

고객 "사실은 최근에 어머니를 간병하느라 지쳤거든요. 그래서 기분전환이라도 해볼까 해서요."

　스타일리스트 "힘드시겠어요. 산뜻하게 기분전환 하는 방법으로는 짧게 커트하는 것 말고도……."

　이제 대부분 이해했을 것입니다. 앞서 제가 '비록 첫 만남이더라도 스타일리스트에게 커다란 신뢰감을 갖게 된다.'라고 말한 이유를 말이죠.

　여기에서 가장 중요한 포인트는 고객의 기분이 좋아진 상태에서 다른 메뉴를 제안해야 합니다.

　스타일리스트 "짧게 커트하는 것 말고도 볼륨감 있는 파마로 인상을 부드럽게 바꾸거나, 밝은 색으로 염색을 하는 것도 추천하는데요. 어떠세요?"

　이런 제안을 했을 때, 고객은 다음과 같이 말하며 동조하게 됩니다.

　고객 "파마, 괜찮겠네요."

　여기서 고객의 심리는 이미 '나를 기분 좋게 해주는 미용사'라고 인식하고, 이후에 스타일리스트의 제안이나 어드바이스를 대부분

호의적으로 받아들입니다.

'짧게 잘라주세요.'라는 최초 주문에서 고객의 의식은 파마로 바뀌게 됩니다.

이미 '파마를 한다면'이라는 전제 하에서는, 헤어 카탈로그의 파마 스타일을 참고하게 됩니다. 이 과정에서 '파마를 하고 싶다'라는 고객의 의욕이 더욱 높아지게 되고, 결국 파마를 주문하게 됩니다. 여성특유의 '공감받고 싶은 뇌'를 충족시키면, 이러한 패턴의 단가 상승이 자유자재로 일어나게 됩니다.

기술설명보다 고객의 기분에 공감하는 것이 우선이다.

더욱 이해하기 쉬운 예를 들어 '공감받고 싶은 뇌'에 대해 깊이 살펴봅시다.

헤어샵에서 자주 있는 고객의 요청이 있습니다. '사실은 이런 느낌의 스타일을 하고 싶은데, 괜찮을까요?'라며 인기 모델의 사진을 내밀었을 때, 당신은 어떤 식으로 대응하나요? 혹시 이런 식의 대응을 하고 있지 않은지 머릿속에 떠올려 보길 바랍니다.

"Y씨의 보브스타일이네요. 이런 스타일을 하기에 H씨는 머리숱이 많은 편이에요. 우선 짧은 층으로 머리숱을 정리한 다음, 아래에서 위로 그라데이션을 넣으면 되요. 그러니까 층을 내면서 커트를 하고 보브스타일의 샤기컷을 만들어서⋯⋯ (기술설명이 계속 이어진다)."

이러한 설명 역시 남성적인 '해결법'에 해당합니다. 어떻게 해야 여자의 '공감받고 싶은 뇌'를 만족시킬 수 있을까요?

결론은 다음 대화를 통해 알아봅시다.

스타일리스트 "모델 Y씨네요. 스타일 무척 좋지요. 특별히 보브스타일의 어떤 점이 마음에 드세요?"

고객 "음, 여성스러우면서도 깔끔해서 멋진 것 같아요."

스타일리스트 "확실히 보브스타일이 여성스러우면서도 깔끔해서 멋지지요. H씨에게 잘 어울릴 것 같아요."

자, 여기까지입니다.

바로 여기서, 고객의 '공감받고 싶은 뇌'를 만족시키게 됩니다. 이것만으로도 충분합니다.

그 이유는 다음 페이지에서 설명하도록 하겠습니다.

'남성미용사가 먹히지 않는
시대가 다가온다'의 진위

고객과의 공감은 '승인의 욕구'를 충족시킨다.

고객의 '공감받고 싶은 뇌'를 만족시키는 포인트는 제가 따로 설명하지 않아도 알겠지요?

스타일리스트가 '이 스타일의 어떤 점이 특히 마음에 드세요?'라고 물었을 때, 고객은 '여성스러우면서도 깔끔해서 멋진 것 같아요.'라고 대답했습니다. 이때 '확실히 여성스러우면서도 멋지지요. H씨에게 잘 어울릴 것 같아요!'라고 동조하며 고객의 의견을 지지합니다. 바로 이 부분이 포인트입니다.

그 순간 고객은 무엇을 느꼈을까요? 한마디로 표현하자면 '아, 알아줘서 다행이다!'라고 느낍니다.

'겨우 그것뿐인가요?'라며 함부로 결론을 내리지 말아주세요. 이 말 한마디가 당신이 상상하는 이상, 아니 상상을 초월할 정도로 고객의 마음을 만족시키는 증거가 될 테니까요.

그렇다면 고객은 어느 부분에서 스타일리스트가 자신의 마음을 알아주었다고 생각하는 것일까요? 모델의 스타일을 원하는 자신의 의견을 지지하는 동시에 센스를 인정받았다는 부분에서 '내 마음을 알아주는구나.'라고 느끼게 됩니다.

그러니까 단순히 '알아주었다'의 레벨을 뛰어넘어, 자신의 존재를 인정받기 원하는 인간의 근본적인 욕구인 '승인의 욕구'를 만족시킨 것입니다. 고객과의 짧고 시시한 대화 속에도 나름의 가치와 깊은 의미가 담겨있다는 점을 명심하세요.

인간의 심리를 전제했을 때, 100점 만점의 기술로 스타일을 완벽하게 완성했다 하더라도 고객의 공감을 얻지 못하면 고객을 잃게 될 가능성이 높아집니다.

미용사는 기술자이자 크리에이터입니다. 고객을 비롯한 모든 사람들에게 자신의 능력을 평가받기 원합니다. 지금까지 피나는 노력을 해온 이유이기도 하지요.

앞선 예처럼 스타일리스트는 고객이 제시한 모델사진을 보던 보지 않던, 조건반사적으로 기술을 설명합니다. 그리고 이어서 자신의 생각을 이야기합니다. 하지만 안타깝게도 여성고객은 스타일리스트의 '지식'에 관심이 없습니다. 우선 '이해를 얻었다' '공감을 얻었다'라는 만족감을 채우지 못하면 스타일리스트의 어떤 말도 듣지 않습니다.

고객(특히 여성)에게 그러한 습성이 있다는 점을 명심하고 '해결하고 싶은 뇌'를 작동시키기 전에, 고객의 '공감받고 싶은 뇌'를 충족시키기 위해 의식을 집중해 보세요.

남성 스타일리스트 특유의 핸디캡은?

하루는 제자이기도 한 남성 스타일리스트가 "며칠 전에 '남성미용사의 장래'라는 키워드로 검색을 했는데 '40세 정년설' '연령에 맞는 수입을 벌기 어렵다' '나이를 먹을수록 센스가 둔해진다' 등 부정적인 정보만 가득해 우울해졌다."며 푸념을 늘어놓았습니다.

물론 그러한 측면이 전혀 없는 것은 아니지만, 본인이 미래를 위해 무언가를 개선하고 노력하지 않는다면 장래 리스크에 직면할 가능성이 높겠지요. 그런 관점에서 보면, 미용사뿐만 아니라 다른 직업도 모두 마찬가지입니다. 남성미용사의 장래 리스크를 굳이 지적하자면, 1장에서 다루는 주제, 즉 주로 여성고객을 상대하는 일을 하고 있음에도 불구하고 여성심리를 이해할 기회가 적다는 것입니다. 남성 스타일리스트의 핸디캡이자 반드시 극복해야만 하는 과제이지요.

예를 들어 당신이 일하고 있는 헤어샵에 '여성 스타일리스트 희망'이라는 조건으로 예약을 하는 여성고객이 있지 않나요? 애초에 남성 스타일리스트를 불편해하는 고객도 있지만, 대다수는 남성 스타일리스트의 대응에 불편을 느낀 경험이 있기 때문에 여성 스타일리스트를 선호하게 됩니다.

나중에 자세히 설명하겠지만, 저는 카운슬링 강좌 수강생들로부터 연간 최소 2,500건이 넘는 카운슬링 사례(실적보고)를 수집하여 모든 내용을 확인하고 있습니다.

예를 들어 신규고객을 담당한 케이스에는 어째서 이전에 다니던 헤어샵으로 가지 않고 자신의 매장을 방문하게 되었는지 묻습니다. 사례에 의하면 실제로 상당수의 고객들이 남성 스라일리스트에게서 불쾌한 대응을 경험한 탓에 새로운 미용실로 오게 되었다고 답했습니다.

며느리가 미우면 손자까지 밉다.

얼마 전, 한 여성 스타일리스트가 제출한 사례에 흥미로운 내용이 담겨져 있었습니다. 그녀가 담당한 신규 여성고객 A씨는 6일 전 다른 미용실에서 커트를 했습니다. 하지만 스타일이 마음에 들지 않아 '어떻게 좀 해주세요.'라며 금방이라도 눈물을 쏟을 듯한 표정으로 찾아왔습니다. 우선 그녀는 A씨가 이전에 다니던 미용실의 담당 스타일리스트(남성)와 어떤 대화를 주고받았는지 물었습니다. 요약하면 A씨가 '머리숱이 너무 많아서 어떻게 좀 하고 싶은데요.'라고 말하자마자 스타일리스트는 '그러면 관리하기 쉽게 정리해 드릴게요.'라고 대답한 채, 바로 커트를 시작했습니다. A씨는 층을 너무 많이 쳐서 관리하기 어려운 데다가 스타일도 마음에 들지 않는다고 했습니다.

하지만 실제로 A씨의 헤어스타일 상태는 같은 스타일리스트가 봤을 때, 기술적인 문제는 없었습니다.

그렇다면 A씨는 어째서 그렇게까지 강하게 불만을 호소한 것일까요? 그 이유는 남성 스타일리스트가 '머리숱이 너무 많아서~'라는 A씨의 말 이후에 그녀의 이야기를 듣지 않고 바로 시술에 들어갔기 때문입니다.

바로 1장의 핵심이지요. 여성에게 있어서 자신의 이야기를 듣지 않는 행위는, 즉 상대방이 자신을 소중히 여기지 않는다는 것을 의미입니다. 자신을 소중히 여기지 않는 상대는 결코 용서할 수 없는 대상이며, 적절한 시술이 진행되었음에도 불구하고 이른바 '며느리가 미우면 손자까지 밉다.'라는 말처럼 상대의 모든 것을 부정적으로 생각하게 됩니다.

여성의 심리를 이해하지 못하면
미용사로서의 성공은 어렵다

여성에게 커뮤니케이션이란?

물론 앞선 사례에서 남성 스타일리스트에게 악의는 없었습니다. 그는 남자답게 합리적으로 판단해 A씨 고민을 서둘러 해결하려 했을 뿐입니다.

대부분의 남성 스타일리스트는 '고작 이런 이유로 큰 불만을 사거나 미움을 사게 되고, 고객을 잃는다니…….'라고 생각하겠지요. 저역시 같은 생각입니다. 하지만 (남자에게) 불가사의한 여성심리는 남자와 여자의 신체가 다르듯이 '어쩔 수 없는 부분'이라고 결론 내릴 수밖에 없습니다.

이야기가 다시 처음으로 되돌아가지만, 중요한 포인트이므로 다시 한번 언급하겠습니다. 남자는 '해결하고 싶은 뇌', 여자는 '공감받고 싶은 뇌'를 가지고 있습니다. 그래서 각각의 커뮤니케이션의 목적이 남자는 '무언가를 해결하는 것'이고, 여자는 '공감받는 것'에 있습니다.

　남자가 여자들의 대화를 들었을 때 각자 하고 싶은 말만 하고 있다고 느낄 뿐, 대화의 의미와 목적을 이해하지 못하는 경우가 있습니다. 남자의 감각은 이 대화를 '잡담'으로 받아들입니다. 하지만 여자는 최근에 있었던 에피소드를 이야기 했을 때 '맞아, 맞아.'라는 상대방의 리액션이 없으면, 즉 공감을 얻지 못한 대화는 커뮤니케이션이 아니라고 생각합니다. 이러한 감각으로 미루어 볼 때, 여자는 공감을 얻지 못한 상태에서 해결방법을 듣는 행위를 매우 불쾌하게 여기겠지요.

어째서 여성은 그렇게까지 공감을 원하는가?

　제가 20대 직장인이었을 때의 이야기입니다. 어느 날, 같은 영업부서에서 근무하던 여자동기가 상사에게 "몸이 너무 안 좋아서 먼저 조퇴 하겠습니다."라고 말했습니다. 그녀는 이틀 후, 상사와 함께 아주 중요한 거래처 미팅을 앞두고 있었습니다. 상사는 "그래요. 바로 병원에 가서 진료를 받도록 해요. 내일모레 거래처 미팅도 있으니까 내일 중에는 회복되도록 말이죠."라고 했습니다.

　그녀는 "네."라고 대답했음에도 불구하고 매우 불쾌한 표정으로 자신의 자리로 돌아와, 옆자리에 있던 저에게 작은 소리로 불만을 늘어놓았습니다.

"말하는 것 좀 봐. 완전 짜증나."라며 말이죠.

당시에 저는 그녀가 왜 그렇게 화를 내는 것인지 이해할 수 없었습니다. '내일모레 중요한 미팅이 있으니까 내일 중에는 컨디션을 회복하도록 해요. 오늘은 바로 병원에 가서 진료를 받도록 해요.' 상사는 부하의 사정을 이해하고 적절한 조치를 취했을 뿐입니다. 하지만 여기서 남성과 여성의 사고방식 차이가 드러납니다.

상사는 그녀의 컨디션 문제를 해결하기 위한 지시를 내렸습니다. 하지만 그녀는 이 지시가 마음에 들지 않았습니다. 그렇다면 그녀는 무엇을 바란 것일까요? 단지 '몸이 좋지 않아서 힘들겠네.' 라며 그녀의 기분을 먼저 이해해주기를 바랐습니다.

"그렇군요. 많이 아파요? 언제부터 좋지 않았던 거예요? 힘들면 언제든지 말해요. 내가 도와줄게요. 우선 오늘은 무리하지 말고 병원에 다녀와요."

지금 돌이켜보면 여성에게 공감을 이끌어내는 100점 만점의 대답입니다. 가령 그 당시 상사가 그녀에게 '위로'의 말을 전했다면, 말한마디만으로도 그녀는 컨디션을 회복했을지도 모릅니다.

만약 이 책을 읽고 있는 당신이 여성이라면 '당연한 소리를 왜 하고 있는 거죠?'라며 어이없는 표정을 짓겠지요. 또한 당신이 남성이라면 '도대체 무슨 소리죠?'라며 난감해하고 있을지도 모르겠네요.

그렇다면 여성은 왜 그렇게까지 공감을 원하는 것일까요?

이유를 찾기 위해서 시간을 원시시대로 되돌려 보겠습니다.

당시 인간의 생활을 상상해보세요. 남자들은 음식을 얻기 위해 사냥을 다녔고, 집을 지키고 있는 여자들은 서로 도우며 자신들의 아이들을 돌봤습니다. 여성이 이처럼 서로 도우며 살아가야 하는 환경 속에서 주변과의 조화를 깨트리고 스스로 고립하게 된다면 어떻게 될까요? 자신뿐만 아니라 아이들까지 살아가기 힘들어지겠지요.

이러한 사태를 피하고 원만한 인간관계를 구축하기 위한 능력, 즉 타인과 공감하고 또 공감을 얻어내는 능력을 갖게 되었습니다.

다시 말해 생존본능의 일부라고 해도 과언이 아닐 정도로 여성에게 중요한 요소이며, 그러한 영향이 현대인에게 계승된 것입니다.

지금까지의 내용을 바탕으로 다시 한번 커뮤니케이션에 있어 공감이 미치는 역할에 대해 생각해보면, 공감능력의 여부에 따라 여성고객의 반응이 크게 달라진다는 것을 이해할 수 있습니다.

그러므로 남성 스타일리스트는 이 '차이'가 여성고객을 만족시키는 중요한 열쇠라고 생각해야 합니다. 이 열쇠를 잘 다루게 되었을 때 단골고객이 증가하고 자연히 매출상승으로 이어지게 됩니다.

비즈니스는 애초에 남성의 뇌로 움직이기 때문에 어렵다.

여성 스타일리스트라고 해서 언제나 자연스럽게 공감을 유도해 내는 것은 아닙니다. 왜냐하면 어떤 직종에 상관없이 비즈니스라는 인간의 행위는 남성적인 측면이 강하기 때문입니다.

비즈니스는 고객이 요구하는 목적에 맞춰 결과를 제공할 때 비로소 성립합니다. 고객과 공감한다고 해서 모든 것이 해결되는 것은 아닙니다. 즉, 여성 스타일리스트라 하더라도 고객이 원하는 헤어스타일을 제공하려는 찰나에 목적추구형인 남성모드로 바뀌어 '공감을 원하는' 여성모드와 엇갈림이 생기기 때문에 언제나 주의해야 합니다.

또한 모든 여성고객이 '공감받고 싶은 뇌'를 가지고 있는 것은 아닙니다. 소수이지만 예외도 있습니다. 예를 들어 여성 경영자나 영업수완이 좋은 여성, 남자보다 남자다운 커리어우먼은 여성이지만 남성의 사고방식과 가치관을 가지기도 합니다.

이렇듯 고객의 유형을 구분하여 적절히 대응하는 유연성이 필요합니다.

손님에게 '사랑받는 기술'을 몸에 익혀라

스타일리스트는 손님에게 '사랑받을 때 가치가 있다'.

'지금까지의 이야기를 요약하면 마음에 드는 헤어스타일을 완성하기보다, 고객의 비위를 잘 맞추는 편이 매출을 올리는 데 도움이 된다는 것인가요?' 이러한 목소리가 들리는 것 같네요.

물론 기술을 배제하라는 것은 아닙니다. 다만 실제로 100점짜리 기술을 제공했다 하더라도, 기술의 가치를 액면 그대로 평가받지 못하는 경우가 많습니다.

예를 들어 데뷔 당시부터 꾸준히 찾아오는 단골고객은 스타일리스트의 인성을 좋게 평가합니다. 즉 고객에게 다시 한번 찾아오고 싶다는 생각을 심어주었다면, 기술이 다소 부족하더라도 단골고객으로 이어질 확률이 높습니다.

수차례 반복해서 이야기하지만 특히 여성의 의사결정은 이론보다 좋고 싫은 감정에 좌우되는 경우가 많습니다. '사랑받을 때 가치가 있다.'라는 말처럼 '사랑받기 위한 기술'을 연마해야 합니다.

사랑받기 위한 기술을 한 가지 소개하겠습니다. '고객이 지금 소중히 여기고 있는 것을 충분히 이해한 다음, 도움이 될 기술을 제안한다.' 입니다. 설명만으로는 이해하기 어려우니, 사례를 통해 살펴보도록 합시다.

상질세계라는 '마음 속 보물상자'

제 강연에 2년 가까이 출석해 온 S씨(28세)는 매우 훌륭한 여성 스타일리스트입니다. 그녀는 기술매상으로 월매출 200만 엔 전후(성수기에는 250만 엔이 넘는다)를 고정매출로 유지하고 있으며, 매장제품도 월평균 20만 엔 이상의 판매고를 올리고 있습니다.

제가 봤을 때 프로 스타일리스트인 S씨의 가장 큰 장점은 '고객이 무엇을 소중히 여기고 있는지 충분히 파악한 다음, 도움이 될 만한 기술을 제안' 하는 커뮤니케이션 능력입니다. 그녀는 이 방법을 증명할 한 가지 서비스 사례를 알려주었습니다.

신규고객 Y씨(30대 전후의 전업주부)를 담당했을 때의 에피소드입니다.

카운슬링 결과, Y씨는 특히 바쁜 아침시간대에 빠르게 정리할 수 있는 헤어스타일을 원했습니다. 자동차로 편도 1시간(하루에 왕복 4시간) 거리의 유치원에 딸을 통학시켜야 했기 때문입니다. 스타일리스트가 이만큼의 정보를 얻어낸 것도 상당한 노력이지요.

상질세계라고 불리는 '마음 속 보물상자'

가족, 자녀, 형제, 배우자, 애인이나 친구, 존경하는 상사나 선배.
일과 가치관, 신조, 꿈과 목표, 취미, 배움, 학업, 스포츠 등

…› 그 사람에게 가치 있는 일

상식적으로 이 단계에서 빠르게 관리할 수 있는 헤어스타일을 제안합니다. 하지만 S씨는 한걸음 더 나아가 다음과 같이 물었습니다.

"어머, 힘드시겠어요. 그래도 Y씨가 희생할 만큼 가치 있고 훌륭한 교육을 제공하는 유치원인가 봐요. 어떤 유치원이에요?"

이 질문에 고객은 어떤 반응을 보였을까요? 상상 되시죠?

고객은 기쁨을 감추지 못하며 딸이 다니는 유치원의 훌륭한 이념과 세심한 교육에 대해 이야기합니다.

예를 들어 낚시를 좋아하는 사람이 예전에 자신이 낚았던 대어 이야기를 끊임없이 자랑하듯이 Y씨도 자녀교육에 대한 자신만의 '철학'을 어필합니다.

'자신이 소중히 여기는 일', 그 대상을 심리학에서는 '상질세계'라고 합니다. 즉 '마음 속 보물상자'입니다. 보물상자 속에는 가족, 형제, 배우자, 애인이나 친구, 존경하는 상사나 선배, 자신의 일과 가치관, 신조, 꿈과 목표, 지금 가장 빠져있는 일(취미 · 배움 · 학업 · 스포츠) 등이 들어 있습니다.

사람은 자신의 상질세계에 대한 이야기를 다른 사람에게 할 때, 기분이 좋아집니다. Y씨 역시 마찬가지입니다. 처음에는 커트 메뉴만 주문했지만 카운슬링 후 파마와 트리트먼트가 추가되었고, 매장판매 제품 3종(샴푸·트리트먼트·아웃바스)을 구매하여 총 3만 엔을 지불했습니다. 게다가 40일 후 방문예약까지 남겼습니다.

고객의 상질세계와 헤어스타일을 연결하면……

사람은 자신의 '상질세계'와 관련된 대상에 관심을 보입니다. 앞선 사례의 Y씨가 딸이 다니는 유치원이라는 상질세계와 등하교에 도움이 되는 헤어스타일에서 가치를 느끼듯이, 누구나 자신의 상질세계에 영향을 주는 제안을 받으면 반드시 귀를 기울이게 됩니다.

제 강연을 통해 인간심리를 이해하게 된 한 남성 스타일리스트는 '일이 내 상질세계 속 상위에 있다.'고 말하는 커리어우먼 고객을 담당하게 되었을 때, 다음과 같은 카운슬링을 실시했습니다.

스타일리스트 "한가지 여쭤보고 싶은데요. 지금 하시는 일은 사람들과 자주 만나는 일인가요? 아니면 주로 사무실 근무인가요?"

고객 "일이요? 영업직이에요. 광고 관련……."

스타일리스트 "그러면 영업하실 때 도움이 되는 헤어스타일을 해보시는 건 어떠세요?"

고객 "그것도 나쁘지 않겠네요."

스타일리스트 "M씨가 주로 영업하실 때 만나는 분들은 남성이 많은 편인가요?"

고객 "네. 대부분 사장이나 임원들이에요. 50대 전후의 남성이죠."

스타일리스트 "그런 분들을 상대로 영업하실 때 특별히 옷차림에 신경 쓰는 부분이 있나요?"

고객 "저는 관리직이어서 부하직원과 함께 동행하는 경우가 많아요. 상사로서 신뢰감을 줄 수 있는 옷을 주로 입는 편이에요."

스타일리스트 "그렇군요. 영업직에서 근무하고 있는 다른 고객님에게 들은 이야기인데요. 중요한 계약을 앞두고 있을 때는 특별히 신경 써서 옷을 입고, 화장에도 신경을 쓴 다음 미팅에 참석한다고 하더군요. 고객님도 그러세요?"

고객 "물론이죠. 제가 미팅에 참석할 때는 대부분 계약을 체결해야 하는 경우가 많기 때문에 특별히 주의하는 편이에요."

스타일리스트 "그러시면 비즈니스에 적합한 품위를 유지하면서도 어른스러운 매력과 화사한 인상을 줄 수 있는 헤어스타일을 시도해 보는 건 어떠세요?"

고객 "괜찮네요! 어떤 느낌의 헤어스타일인가요?'

그로부터 약 1년. 현재까지 이 고객은 해당 매장의 베스트 5에 드는 VIP고객이 되었습니다.

두 사례를 통해 알 수 있듯이 사람은 자신의 상질세계에 도움이 되는 것에 가치를 느끼고, 도움을 주는 사람을 신뢰하게 됩니다.

고객의 상질세계를 충족시키는 기술제안을 적극적으로 활용해 보세요.

사실은 알고 싶지 않았던, 당신의 지명고객이 늘지 않는 이유

지명고객이 늘지 않는 이유는 '지명'을 부탁하지 않기 때문

'데뷔한 지 2년이 지났는데, 지명고객에 대해선 지금까지 이렇다 할 진척이 없어요. 어떻게 하면 지명수를 늘릴 수 있을까요?'

하루빨리 개선하고 싶은 과제네요. 지명고객을 늘리기 위한 효과 적인 방법을 생각하기 전에 우선 고객이 지명하지 않는 이유에 대해 서 알아봅시다.

'애초에 기술이 부족하기 때문에' '고객이 원하는 대로 스타일을 완 성하지 못했기 때문에' '매장을 방문해서 돌아갈 때까지 시종일관 적 절한 커뮤니케이션을 취하지 못했기 때문에' 등이 있습니다. 모두 하 나같이 지명으로 이어지지 않는 이유들이지요.

지명을 받지 못하는 여러 가지 이유 중에서 가장 문제가 되는 이유 가 무엇이라고 생각하나요?

지금까지 수많은 미용실에서 접했던 제 경험을 바탕으로 생각했을 때, 대부분의 스타일리스트들이 고객에게 "다음번에도 저를 지명해 주세요."라는 말을 건네지 않았기 때문이라고 생각합니다. 제가 가장 중요하게 생각하는 포인트입니다.

강연 중에 이런 말을 하면 '이 사람, 도대체 무슨 소리를 하는 거지?'라는 표정의 스타일리스트들이 전부 실소를 터뜨립니다. '뭐라고? 나보고 직접 고객에게 지명을 부탁하라고? 말도 안 돼.'라며 말이지요.

일련의 사례를 다른 업계 영업직이나 판매직에 종사하는 사람들에게 이야기하면 대부분 의아하게 생각합니다. '미용사들은 고객에게 그런 말을 하지 못할 정도로 겁이 많은가요?'라며 말이죠.

상반된 반응에서 '미용업계의 상식은 세간의 비상식'이라는 표현이 여실이 드러납니다. 과연 무슨 말일까요? 이 문제의 핵심을 살펴보기 위해 이야기를 이어가겠습니다.

고객의 대부분은 '지명'이라는 시스템을 모른다.

대다수의 스타일리스트가 지명고객이 늘어나기를 바라는 것에 비해 고객이 늘어나지 않는 이유를 '지명을 부탁하지 않기 때문'이라고 지적했습니다. 대부분의 스타일리스트가 치명적인 실수를 범하고 있음에도 불구하고 그것을 실수라고 생각하지 않는 부분에서 저는 강한 위화감을 느꼈습니다.

애초에 스타일리스트 중에 지명이라는 시스템을 고객에게 확실히 전달하는 사람이 몇 명이나 있을까요?

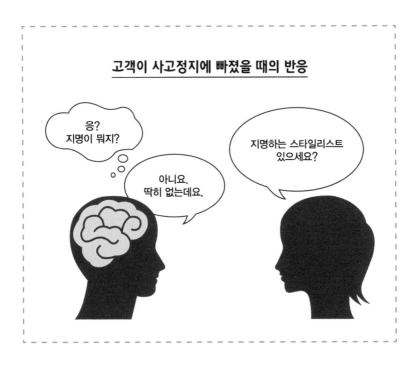

강연에서 이 주제를 다루었을 때 "여러분은 고객에게 지명제도에 대해 확실히 설명하고 있습니까?"라고 물으면 서로의 얼굴을 쳐다보며 "그러고 보니, 해본 적은 없어요."라고 어색하게 대답합니다.

대다수의 고객이 지명시스템을 모릅니다. 시스템을 모른 채 예약 전화 후 방문하거나, 예약 없이 방문한 고객에게 어떤 말을 건네나요? '지명하는 스타일리스트가 있으신가요?'라고 묻지 않나요?

본인이 알지도 못하는 시스템에 대한 질문을 받았을 때, 고객의 머릿속을 상상해보세요. '응? 지명이 뭐지? 무슨 말이지? 전에 담당했던 사람을 말하는 건가?'

상황을 인식하지 못한 채 순간적으로 '대답'을 요구하는 상황에 처해지면 인간은 순간적으로 사고정지 상태에 빠지게 됩니다. 그리고 그 자리를 벗어나기 위해 반사적으로 다음과 같은 반응하게 됩니다. "아니요. 딱히…… 특별히……."라고 말이죠.

지명하는 담당자가 없는 '프리고객'이 또 한 명 늘어나게 된 셈이며, 동시에 예전에 해당고객을 담당했던 스타일리스트에게는 '지명고객 획득' 의 실패를 의미합니다.

하지만 이러한 뒤죽박죽 대응자체가 지명고객을 운운하기 전에 고객에게 실례를 범하는 것은 아닐까요? 어떻게 생각하나요?

기본적인 고객 대응방법은 그 자리에서 즉시 해결하도록 하고, 직접 지명을 부탁하지 않는 대부분의 스타일리스트의 가치관에 대해서는 다시 한번 심각하게 고민해 봐야 합니다.

스타일리스트들의 불가결한 '가치관'이 지명고객을 놓친다.

지명고객을 획득하는 방법에 대해 아마도 90% 이상의 스타일리스트가 다음과 같은 생각을 합니다. '고객이 직접 지명하는 것이 진정한 지명고객이다. 자신이 지명을 부탁하는 것은 스타일리스트로서 부끄러운 행동이다.'라고 말이죠. 이러한 생각은 미용사 특유의 사고방식인 것일까요? 어째서 '다음번에도 멋진 스타일링을 해드릴 테니, 꼭 저를 지정해주세요. 그러니까 다음번 예약은…….' 이라고 솔직하게 말하지 못하는 것일까요?

반대로 생각하면 다음처럼 해석할 수 있습니다. '내가 먼저 부탁하지는 않겠지만, 만약 다시 한번 나를 만나고 싶다면 당신이 직접 연락해.'라고 말이죠. 이렇게 고압적인 시선을 느낀 고객은 두번 다시 찾아오지 않겠지요.

이처럼 극단적인 표현을 모두 포함한 내용을 모 헤어샵 방문강연에서 언급했을 때, 한 여성 스타일리스트가 다음과 같은 체험담을 이야기 해주었습니다.

"사실 지난주에 처음으로 네일샵에 가 봤는데요. 집에 돌아갈 때 네일리스트가 '오늘 정말 감사드려요! 부디 가까운 시일 내에 다시 한번 찾아주세요.'라고 말하며 진심을 담아 악수를 하더라고요. 기분이 좋더라고요. 저도 다음부터는 (제 고객에게) 이 사람처럼 해야겠다고 결심했어요."

그녀의 말처럼 '다음 번에도 부디 저를 찾아주세요.'라는 부탁은 고객에게 스타일리스트로서 책임감과 감사의 마음을 전하는 행위입니다.

물론 케이스에 따라 다르겠지만 고객에게 '다음번에도 이 사람에게 부탁해야겠다.'라는 기분이 들게 만든 다음 '사람냄새'와 '열정'으로 진심을 전한다면, 다소 스타일이 마음에 들지 않더라도 불만을 상쇄시킬 정도의 '힘'을 가지게 됩니다.

지명고객을 늘리는 데는 기술뿐만 아니라 이러한 강력한 말과 태도가 중요합니다.

헤어디자이너를 위한
고객과의 대화법

지금의 상태를
바꾸는 첫걸음은
카운슬링
재검토부터

매출이라는 수확물이 자라는 농장 만들기

'결과'를 얻기 위한 '원인' 만들기

2장에서는 매출을 올리기 위해서 반드시 알아야만 하는 기초지식과 대다수의 스타일리스트들이 공통적으로 안고 있는 카운슬링에 관한 과제와 해결법에 대해 알아보도록 하겠습니다.

베스트셀러 『원인과 결과의 법칙』에서는 '높은 매출'을 만드는 '결과'를 얻기 위해서는 결과를 얻기 위한 상태 즉, '원인'을 만들라고 말합니다.

우선 '높은 매출을 올리는 상태'가 무엇인지 기초부터 차근차근 이야기해보죠.

매출은 농장에서 채취하는 수확물에 비유하는 경우가 많습니다. 수확량을 늘리기 위해서는 질 좋은 농장을 만들어야 합니다.

다음 페이지의 그림1은 생산성이 높은 농장을 나타냅니다. 예외 없이 모든 헤어샵에서는 그림1처럼 각각의 고객층을 등급에 따라 나눕니다.

생산성이 높은 헤어샵(농장)

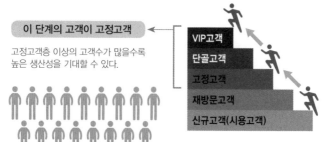

이 단계의 고객이 고정고객

고정고객층 이상의 고객수가 많을수록
높은 생산성을 기대할 수 있다.

| VIP고객 |
| 단골고객 |
| 고정고객 |
| 재방문고객 |
| 신규고객(시용고객) |

생산성이 낮은 헤어샵(농장)

신규고객층에서 고정고객층으로 올라
가는 단계에서 고객이 유실되기 때문에
고정고객층 이상의 고객수가 적다.

| VIP고객 |
| 단골고객 |
| 고정고객 |
| 재방문고객 |
| 신규고객(시용고객) |

고객등급의 정의

신규고객(시용고객) ········· 다른 미용실에 만족하지 못하고, 시험 삼아 방문한다.

재방문고객(재시용고객) ····· 첫 방문에서 만족했기 때문에, 두 번째에도 괜찮을지
확인 차 방문한다.

고정고객 ················· 미용실에 가야할 일이 생기면, 반드시 찾아온다.

단골고객 ················· 상당히 만족했기 때문에 40일 이내에 재방문하며,
매장판매 제품을 포함해 매회 지불하는 단가가 높다.

VIP고객 ················· 월 1회 방문. 매장판매 제품을 포함해 매회 지불하는
단가가 높다. 미용실의 기술 · 서비스 · 직원 등 모든
서비스에서 만족감을 느꼈기 때문에 계속 찾아오고
싶다는 생각을 하게 된다. 주변 사람들에게 소개하기
도 하고, 간식을 가져오기도 한다.

생산성이 높은 농장, 즉 높은 매출을 유지하는 '상태'란 신규고객의 재방문 확률을 높여 고정고객으로 유도하고, 연간 방문횟수, 단가, 제품판매액 등 각각의 수가 높은 우수고객으로 고객층을 만들어내는 구조를 말합니다. 그에 반해 생산성이 낮은 농장은 신규고객을 고정고객으로 유도하지 못하기 때문에 고정고객층 이상의 고객층이 얇습니다. 이러한 상황에서는 재방문 횟수, 단가를 늘릴 수 없지요.

그림1에서 나타내듯이 고정고객층 포함 상위 세 개 층의 고객수를 늘리고 1인당 단가를 올리며, 방문횟수를 한 번이라도 늘려야 합니다. 매출은 '고객수×1인당 단가×방문 빈도'이므로 세 가지 값을 늘리는 데 주력해야 합니다. 이 요소들에 의해 '매출 상승'이 일어나게 되기 때문이지요.

세 가지의 값을 늘리라고 하지만, 여기에도 우선순위가 존재합니다. 가장 먼저 고객수를 한 명이라도 더 많이 늘려야 합니다. 그림1을 보면 알 수 있듯이 신규고객을 반드시 재방문하게 만드는 첫 번째 계단을 확실하게 밟습니다. 가장 중요한 부분입니다.

2장에서는 우선 '신규고객의 재방문 반드시 유도'라는 점에 초점을 맞추고 과제를 명확하게 설정한 다음 이에 대한 개선방법에 대해 설명하도록 하겠습니다.

신규고객은 다른 헤어샵에서 놓친 고객

너무 당연해서 굳이 설명할 필요가 있을까라고 생각하겠지만, 중요한 부분이니 잘 들어주세요.

신규고객은 '다른 헤어샵에서 놓친 고객인 동시에 우리 헤어샵을 시험 삼아 방문한 고객'입니다. 다른 헤어샵에서 놓친 고객은 이전에 다니던 헤어샵에서 해소하지 못한 헤어스타일에 대한 문제와 고민을 안고 있습니다. 혹은 실현하지 못한 바람이 있습니다.

어쨌든 만족하지 못했기 때문에 이전에 다니던 헤어샵으로 가지 않고, 새로운 미용실에서는 '어떻게 해줄까?'라는 기대감을 가지고 시험 삼아 찾아온 고객입니다.

이를 전제로 했을 때, 신규고객은 처음으로 찾아온 헤어샵에 무엇을 요구할까요? 우선 자신이 어떤 불만을 갖고 있는지 알아주길 바라고, 만족을 채워줄 만한 무언가를 해주길 원합니다. 이러한 생각을 가지고 찾아올 가능성이 높다고 생각해야 합니다.

물론 성격에 따라 다르겠지만 '소개'를 받고 방문하지 않은 이상, 의자에 앉자마자 처음 만난 미용사에게 자신의 헤어스타일에 대한 고민을 전부 이야기하는 고객은 거의 없습니다.

왜냐하면 첫 방문에 대한 경계심을 가진 동시에 대부분 자신의 바람을 '어떻게 설명해야 할지 모르기' 때문입니다.

'모델 사진'을 가지고 온 고객을 제외하고 대다수의 고객은 자신이 '어떤 스타일을 하고 싶은지'에 대해 정확하게 표현하지 못합니다.

만약 헤어샵 방문 전에 '오늘은 이런 식으로 말해야겠다.'라고 시뮬레이션을 한다 한들 의자에 앉은 순간 말이 쉽게 나오지 않습니다. 그 순간부터 미용사와의 대화가 어긋나기 시작합니다. 결국 어색함에서 벗어나기 위해 최소한의 요구만 전하게 되지요.

이렇듯 미묘한 심리상태인 고객을 카운슬링 할 때, 대다수의 미용사는 '오늘은 어떻게 해드릴까요?'라든가 '오늘은 어떤 느낌으로 해드릴까요?'라고 묻습니다.

지금까지 설명해 온 고객심리를 고려해보면 첫 단추부터 커뮤니케이션이 어려워졌다는 것을 알 수 있습니다. 이 문제에 대해 조금 더 자세히 파헤쳐 볼 필요가 있으니, 사례를 통해 살펴보도록 합시다.

신규고객의 카운슬링 중 전형적인 실패 패턴

스타일리스트 "처음 뵙겠습니다. 담당을 맡게 된 U입니다. I씨, 오늘은 커트하러 오셨다고 들었는데요. 어떤 느낌으로 해드릴까요?"

고객 "음, 가능한 이 길이(어깨 아래 10cm 스트레이트)는 유지한 채, 이미지만 조금 바꾸고 싶어요."

　스타일리스트 "그렇군요. 특별히 원하는 이미지가 있으세요?"

　고객 "지금보다 조금 더 밝은 인상으로 바꾸고 싶어요."

　스타일리스트 "지금 기장에서 밝은 인상으로 말이죠? 예를 들어 어떤 이미지인지, 모델이나 연예인으로 치면 누가 있을까요?"

　고객 "아니요. 딱히 누구라고 할 만한 사람은 없는데요."

　스타일리스트 "그렇군요. 그러면 (헤어잡지 카탈로그를 펼치면서) 원하는 이미지를 찾아보죠! I씨의 분위기에는 (사진을 가리키며) 이런 스타일이 잘 어울릴 것 같은데요."

　고객 "아, 그래요? (내 스타일이 아닌데……)"

　스타일리스트 "아니면 볼륨을 넣어서 밝은 인상을 주는 것도 괜찮을 것 같은데요. 어떠세요?"

　고객 "…….(마음에 들지 않는데)"

　잠시 침묵이 흐른다.

　스타일리스트 "아니면 이 사진처럼 가르마를 없애기만 해도 인상이 확 바뀌거든요. 어떠세요?"

고객 "(나한테 잘 어울릴까? 계속 결정을 내리지 못하는 것도 미안하고……) 저기요. 일단 오늘은 끝부분만 조금 다듬어 주세요."

스타일리스트 "네? 그럴까요. 정말로 다듬어 드리기만 해도 괜찮으시겠어요? 알겠습니다. 그러면 우선 샴푸부터 해드릴게요. 이쪽으로 오세요."

고객 "네. (아~ 오늘도 제대로 말하지 못했어)"

'오늘은 어떻게 해드릴까요?'라고 질문하는 한, 매출은 오르지 않는다.

스타일리스트와 고객의 엇갈리는 커뮤니케이션

앞선 카운슬링 장면을 보고 어떤 생각이 드나요? 헤어샵 현장에서 일하는 감각으로 보면, 스타일리스트에게 잘못은 없어 보입니다. 오히려 '미리 생각해 둔 결론'을 제대로 전달하지 못한 고객을 담당하게 된 스타일리스트의 운이 나빴다며 동정하는 마음이 생길 지도 모르 겠네요.

어떻게 하고 싶은지 확실히 정하지 못한 채 헤어샵에 왔기 때문에 고객 스스로도 어쩔 수 없다고 생각합니다. '내가 제대로 말하지 못 했으니까 어쩔 수 없지 뭐⋯⋯.'라고 말이죠. 이런 이유로 스타일리 스트에게 커다란 불만을 갖지는 않습니다.

그렇다면 며칠 후, I씨는 다시 미용실에 찾아올까요? 앞선 대화를 바탕으로 생각해보면 거의 가망이 없어 보입니다.

만약 이후 상황이 만회되었다면, 커트 시술 중에 대화를 나누다 "사실은 이렇게 하고 싶어요."라며 고객이 자연스럽게 자신이 원하는 스타일에 대해 이야기를 했고, 이어서 스타일리스트의 구체적인 제안이 있었다는 반전이 있었겠지요.

풍부한 경험이 있는 스타일리스트라면 이러한 반전이 가능했겠지만, 경험이 부족한 스타일리스트가 담당을 맡았다면 거의 기대할 수 없는 상황입니다. 특히 10대에서 20대 초반의 신규고객은 베테랑 스타일리스트보다 젊은 스타일리스트가 담당하게 되는 경우가 많은 만큼 고객을 잃게 될 확률도 높아집니다.

이처럼 어딘가 미진한 채, 고객과 스타일리스트의 만남과 이별이 반복되는 곳이 헤어샵입니다. 여기서 한 가지 확실하게 말할 수 있는 점은 두 사람 모두 어떤 이익도 얻지 못한다는 것입니다.

고객은 어떤 의미로 원하지 않은 돈을 썼으며, 헤어샵은 모처럼 찾아온 신규고객을 (아마도) 잃게 됩니다.

대다수의 헤어샵에서 신규고객 한 명을 유치하기 위해 수천 엔의 광고료를 지불하고 있다는 점을 생각해 보면, 커트 시술에서 끝이 났다면 결과적으로 이익을 보지 못한 셈이 됩니다.

이번 카운슬링 장면처럼 스타일리스트와 고객 사이의 커뮤니케이션에 엇갈림이 빈번하게 발생하는 이유는 '오늘은 어떻게 해드릴까요?'라는 질문에 문제가 있습니다.

'어떻게 해드릴까요?'라는 말을 들은 후에 자신이 원하는 스타일을 정확하게 전달하는 고객이 거의 없기 때문입니다. 그렇다면 어째서 지금껏 수많은 고객들은 스타일리스트에게 애매하게 표현하는 것일까요?

'어째서?'라는 부분을 명확하게 밝히지 못하는 한, 진정한 의미의 개선은 기대할 수 없습니다. 그래서 저는 강연 중에 반드시 수강생들에게 '어째서?'의 이유를 찾도록 유도하고 있습니다. 이해를 돕기 위해 상황을 재현해 보겠습니다. 다함께 생각해 봅시다.

고객은 '미용의 비전문가'

하시모토 마나부 "대다수의 고객이 자신이 원하는 스타일을 여러분에게 말할 때, 어째서 애매하게 표현하는 것일까요? N씨, 이유가 무엇이라고 생각하세요?"

N "신규고객이라고 가정했을 때, 긴장하고 있거나 불안해하기 때문이지 않을까요?"

하시모토 마나부 "네. 그런 경우도 있지요. S씨는 어떻게 생각하세요?"

S "저요? 고객자신이 생각하는 이미지를 말로 표현하기 어려워서 이지 않을까요?"

하시모토 마나부 "그렇죠. 그렇다면 고객은 어째서 자신이 원하는 이미지를 말로 표현하지 못할까요? 이 부분에 대해서 M씨는 어떻게 생각하세요?"

M "자신의 생각을 미처 정리하지 못한 채, 미용실에 왔기 때문이 지 않을까요?"

하시모토 마나부 "맞아요. 그런데 어째서 자신이 하고 싶은 헤어스타일인데 생각을 정리하지 못하는 것일까요? A씨?"

A "그러니까 고객은 저희처럼 미용에 대한 전문지식이 없기 때문에……."

하시모토 마나부 "맞아요. 여러분은 전문지식을 가진 사람, 즉 미용의 무엇?"

A "프로……."

하시모토 마나부 "그에 반해 전문지식을 갖고 있지 않은 고객은?"

A "미용의 비전문가입니다."

하시모토 마나부 "맞아요! 당연히 '고객은 미용의 비전문가'입니다.

그런데 여러분은 비전문가인 고객에게 어떤 말을 건네며 카운슬링을 시작하나요?"

A "어떤 말이요? 그러니까, '오늘은 어떤 느낌으로 해드릴까요?'라든가 '원하는 스타일이 있으세요?'라고 물어봐요."

하시모토 마나부 "맞아요. 대부분 그런 말로 대화를 시작하지요. 즉, 고객에게 대답을 요구하고 있는 것이지요?"

(일동: '그게 뭐가 잘못된 것이지?'라는 표정)

'미용의 비전문가'에게 대답을 요구하기 때문에 어려워진다.

하시모토 마나부 "S씨, 조금 전에 고객은 '미용의 무엇'이라고 했지요?"

S "그러니까 '미용의 비전문가'요."

하시모토 마나부 "맞아요, 고객은 미용의 비전문가입니다. 비전문가인 고객에게 '어떻게 해드릴까요?'라고 물었을 때, 과연 쉽고 정확하게 대답할 수 있을까요? 확률적으로 생각해보면 어떨까요?"

S "확률적으로 대답하기 어려울 것 같아요."

하시모토 마나부 "맞아요. 확률적으로 말이죠. 비전문가이기 때문에 고객은 자신이 생각하는 이미지를 말로 표현하기 어려워합니다.

비전문가이기 때문에 자신의 생각을 정리하지 못한 채, 미용실에 오게 되지요. 그 외에도 비전문가라는 이유만으로 원하는 스타일을 미용사에게 말하지 못하는 경우가 많습니다. 즉, 고객에게는 미용사전이 없다고 생각해야 합니다."

(일동: '그렇구나……'라며 납득한 표정)

하시모토 마나부 "비전문가인 고객에게 '어떻게 해드릴까요?'라는 질문으로 카운슬링을 시작한다는 것은, 여러분이 직접 고객과의 대화를 엇갈리는 방향으로 유도했다고 밖에 말할 수 없습니다."

그렇기 때문에 다른 미용실에서 만족하지 못했던 바람이나 해결하지 못한 불만을 가진 채 찾아온 신규고객을 위해서라도 기존의 방식을 바꿀 필요가 있습니다.

구체적으로 '오늘은 어떻게 해드릴까요?'에서 '지금 스타일에서 마음에 들지 않은 부분은 없으세요?'라며 현재 헤어스타일에 대한 불만이나 고민을 확인하는 방식으로 바꿔야 합니다.

'카운슬링은 헤어스타일에 대한 고민을 듣는 것'이 상식. 하지만 아무도 그 사실을 모른다.

'고민을 해결해 드립니다.'라고 확신해도 괜찮을까?

'친절한 카운슬링으로 당신의 고민을 해결해 드립니다.'

최근 미용 관련 사이트를 보면, 카운슬링에 대한 자신감을 어필하는 헤어샵이 늘어나고 있습니다. 이 자리에서 제가 따로 언급하지 않더라도, 카운슬링의 기본은 고객의 헤어스타일에 대한 불만이나 고민을 듣는 것이라는 생각은 이미 업계에 정착되어 있습니다.

그런데 왜 카운슬링은 불만이나 고민과 같은 부정적인 정서에 포커스를 두는 것일까요? 그 이유를 충분히 이해한 상태에서 '고민부터 물어보기'를 실천하고 있는 사람이 실제로 몇 명이나 될까요? 이러한 점들을 생각해 봤을 때, '친절한 카운슬링으로 당신의 고민을 해결해 드립니다.'라고 단언해도 괜찮을까라는 의문이 떠오르게 됩니다.

예를 들어 이 책을 읽고 있는 당신이나 혹은 함께 일하는 동료 스타일리스트가 실제 카운슬링 장면에서 고객에게 고민을 물었을 때, 다음과 같은 전개가 펼쳐지지 않던가요?

스타일리스트 "저기, 그…그러니까…… 특별히 지금, 헤어스타일에 대한 고민은……없, 없으세요?"

고객 "네? 헤어스타일에 대한 고민이요? 고민이라……. 음, 글쎄요. 딱히 이렇다 할 고민은 없어요."

스타일리스트 "아, 그, 그러세요…….(땀)"

(이후, 몇 초간 정적)

고객을 맞이했을 때까지는 좋았지만, '제일 먼저 고민부터 물어보라고 했었지.'라는 감각으로 카운슬링을 시작하기 때문에, 사례의 대화처럼 의외로 첫마디가 자연스럽게 나오지 않습니다.

스타일리스트의 어딘가 어색한 태도에 불안을 감지한 고객은 방어 자세를 취하게 됩니다. 그리고 대화의 분위기가 순식간에 얼어붙게 되지요. 한번이라도 이러한 경험을 하게 되면, '고민부터 물어보기'라는 방법 자체에 의문을 품게 되거나 자신에게는 맞지 않는 방법이라고 생각하게 됩니다. 그리고 이후에는 '고민부터 물어보기'를 생략하게 되지요. 홈페이지나 인터넷 광고창에는 '친절한 카운슬링으로 당신의 고민을 해결해 드립니다.'라고 대대적인 홍보를 하고 있음에도 불구하고 말이죠.

이러한 경험 때문에 예전과 거의 동일한 방식으로 카운슬링을 진행하고 있다는 헤어샵의 이야기를 자주 듣습니다. 샵 워크에서 카운슬링이라는 특별한 커뮤니케이션 방법을 전달하고 있는 저로서는 '조금 더 친절하게 하면 좋은 결과로 이어질 텐데……'라는 생각이 들 때가 자주 있습니다.

친절한 카운슬링을 위해서는 스타일리스트가 먼저 '고민부터 물어보기'의 진정한 의미를 이해해야 합니다. 그리고 좋은 결실을 맺을 수 있는 올바른 방법으로 실행해야 합니다.

우선 이 '의미'와 '올바른 방법'에 대해 유의해야 할 포인트를 2장과 3장에 걸쳐 다루도록 하겠습니다.

인간의 방어본능과 '고민부터 물어보기'의 관계

'카운슬링은 우선 고민부터 물어보기'라는 의미를 이해한 상태에서 제일 먼저 알아야 할 것은 '인간의 행동특성'에 관한 지식입니다. 지금부터 소개하는 내용은 다소 어렵게 느껴질 수도 있지만, 상상력을 발휘하여 요점만이라도 이해하길 바랍니다.

행동특성이란 인간이 어떠한 행동을 일으키는 동기이자 원천을 말합니다. 언제나 '불쾌함을 멀리하고, 유쾌함을 가까이' 하는 것이 모든 행동을 일으키는 기점이 됩니다. 행동특성을 이해한 다음 알아야 할 중요한 포인트는 '① 불쾌함을 멀리하고, ② 유쾌함을 가까이 한다.'라는 순서로 존재한다는 점입니다.

즉 불쾌함(부정적인 정서)을 감지한 다음 이를 피하려는 신경이, 유쾌함(긍정적인 정서)을 가까이 하려는 신경보다 우위해서 강하고 빠르게 움직입니다. 이는 생물학적으로 만들어진 것입니다.

그렇다면 어째서 '① 불쾌함을 멀리하고, ② 유쾌함을 가까이 한다.'라는 순서가 인간의 행동특성 메커니즘에 편입되었을까요?

이러한 행동은 인간이 살아가기 위해서 만들어졌습니다. 한마디로 방어본능이라고 할 수 있지요.

이것만으로는 아직 애매모호하게 느껴질 수 있으니 조금 더 자세하게 설명하겠습니다.

불쾌함이라는 부정적인 정서를 조금 더 확대해서 생각해 보면 어떤 말들이 떠오르나요? 예를 들어 위험이나 위기, 공포나 위협,

고통, 격통, 둔통, 위화감 혹은 불안한 공기나 불온한 분위기 등 다양한 상황을 나타내는 말들이 떠오릅니다.

사람이 만약 이러한 부정적인 상황을 감지하는 데 무뎌진다면 어떤 난처한 상황들이 벌어질까요? 상황에 따라 '멀거나 가깝게' 혹은 '시간'의 차이는 있겠지만 결론적으로 '죽음'에 다다른다는 것입니다.

'부정'과 '긍정' 중 사람이 반응하기 쉬운 것은?

사람도 생물의 일원처럼 다양한 위험으로부터 자신을 지키기 위해 제일 먼저 '불쾌함을 멀리'하고 '유쾌함을 가까이'하는 순서로, 긍정보다 부정을 먼저 감지하여 순간적으로 반응합니다.

이러한 원리를 샵 워크 카운슬링에 반영하면, 다음과 같은 이점이 있습니다.

'고객이 자신의 헤어스타일에 갖고 있는 불만이나 고민이 있는가? 갖고 있다면 무엇인가?'라는 부정적인 요소부터 차근히 물어보면, 방어본능이 반응하여 고객은 즉각적으로 자신의 바람을 스타일리스트에게 쉽게 전달합니다. 이는 어떤 가치가 있을까요? 카운슬링 중에 스타일리스트와 고객의 대화가 자연스럽게 이어지게 하는 데에 의미가 있습니다.

앞선 카운슬링 사례는 고객과의 대화에 엇갈림이 생기고, 고객은 자신이 '어떻게 하고 싶은지'에 대해 이야기조차 하지 못하는 이른바 스타일리스트와 고객 모두 식은땀을 흘리는 장면이 연출되었습니다. 이처럼 분위기가 무거워지기 전에 고객이 편안하게 자신의 생각을 말할 수 있는 '장면'을 만들어 주는 것이, 신규고객-재방문-고정고객 단계로 이어지는 중요한 첫걸음이 됩니다. '우선 고민부터 물어보기'가 가장 중요한 이유이지요.

미용사의 지향성이
매출신장의 걸림돌이 된다.

세상에 존재하는 상품서비스에는 '문제해결형'과 '욕구충족형'이 있다.

얼핏 미용사 업무와는 관계없는 이야기처럼 들릴지도 모르겠지만, 중요한 부분이므로 집중해주기를 바랍니다.

세상에 존재하는 모든 비즈니스와 상품·서비스는 크게 문제해결형과 욕구충족형으로 나뉩니다. 전자는 부정적인 요구에 대응하며, 후자는 긍정적인 요구에 대응한다고 대략적으로 파악하면 이해하기 쉽습니다.

예를 들어 병원이나 의료계 비즈니스가 제공하는 상품·서비스는 사람의 질병이나 상처 같은 부정적인 상태에 대응하기 때문에 '문제해결형'에 속합니다. 한편 고급 레스토랑이나 리조트·호텔 등은 어떤가요? 일탈이나 사치를 만끽하고 싶은 긍정적인 요구를 충족시키는 비즈니스로 '욕구충족형'에 속합니다. 그렇다면 헤어샵은 어떤 유형으로 분류될까요?

헤어샵은 고객이 원하는 아름다움을 실현하는 곳입니다. 고객이 갖고 있는 본래의 미를 끄집어내는 곳이지요. 이렇듯 일반적인 이미지를 생각하면 '욕구충족형'으로 분류하는 것이 맞습니다.

하지만 실제로 헤어샵에 방문한 고객들 중에는 '아름답게, 귀엽게, 어려 보이게'라는 긍정적인 요구(욕구충족)를 이루고 싶은 사람만 있을까요?

그보다도 평소에 자신의 모발 상태나 성질 등을 통해 느끼는 불편함이나 콤플렉스를 해결하고 싶은 바람, 즉 부정적인 요구(문제해결)를 충족하고 싶은 고객이 훨씬 많이 존재합니다.

그럼에도 불구하고 대부분의 스타일리스트가 적절히 대응하지 못하는 이유는 자신들의 일이 '문제해결'이라는 측면에 속해 있다고 의식하지 못하기 때문입니다. 어떤 의미로 미용사만이 가지고 있는 사고회로라고도 할 수 있습니다.

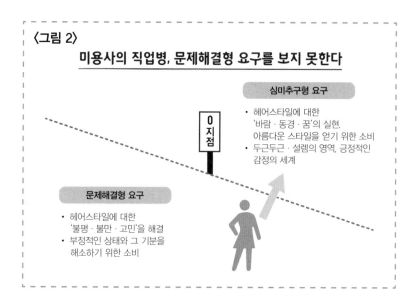

〈그림 2〉

미용사의 직업병, 문제해결형 요구를 보지 못한다

심미추구형 요구

- 헤어스타일에 대한 '바람 · 동경 · 꿈'의 실현. 아름다운 스타일을 얻기 위한 소비
- 두근두근 · 설렘의 영역, 긍정적인 감정의 세계

문제해결형 요구

- 헤어스타일에 대한 '불평 · 불만 · 고민'을 해결
- 부정적인 상태와 그 기분을 해소하기 위한 소비

이 사고회로의 기점은 미용사가 생각하는 자신의 직업에 대한 이미지로, 미용사를 꿈꾸게 된 동기에 나타납니다.

미용사는 '창조적인 사람', 문제해결을 이해할 수 없다.

제가 지금까지 수많은 스타일리스트에게 '미용사가 된 결정적인 이유'에 대해 물어보면, 대부분 다음과 같은 대답을 합니다.

'초등학교 3학년 때쯤 친구들과 미용실 놀이를 했었는데, 제가 친구의 머리를 묶어주니까 친구가 엄청 좋아하더라고요. 이를 계기로 미용사라는 꿈을 가지게 되었습니다.'

'헤어스타일은 물론이고, 그 외에 회화나 조각 등 다양한 아름다움에 관련된 작품에 관심을 갖게 되었습니다. 아름다움을 창조하는 일을 하고 싶어서 미용사의 길을 선택하게 되었습니다.'

'중학생 때, 제가 다니던 미용실의 미용사를 동경했습니다. 특히 커트하는 모습이 멋있었어요. 저도 그런 사람이 되고 싶었습니다.'

이런 에피소드를 통해 알 수 있듯이 스타일리스트의 대다수가 어린 시절의 체험을 바탕으로 미의식과 창조의 기쁨 등 심미적 가치관을 가지고 꿈을 키워왔기 때문에 보조시절의 밑바닥 경험을 거쳐, 지금의 자리에 이르게 되었습니다.

물론 모든 미용사들이 그렇다는 것은 아니지만, '미' '패션' '화사함' '창조' '작품' 등의 말로 상징되는 미의식, 예술성, 크리에이티브 등에 대한 동경이 대다수의 미용사가 가진 동기부여의 원천임은 틀림없습니다.

하지만 아이러니하게도 미용사의 지향성이 지나치게 강한 나머지 자신들의 일에 '문제해결'이라는 요구가 포함되어 있다는 것을 정확하게 이해하지 못하는 스타일리스트들이 많습니다. 즉 매출을 올릴 찬스가 눈앞에 있어도, 스스로 놓치게 되는 것입니다.

미용사가 가지고 있는 '맹점'을 인식시키고, 특히 카운슬링에 대한 방식을 고치기 위해 저는 강연 중에 스타일리스트에게 다음과 같은 이야기를 합니다.

심미추구형 요구 VS 문제해결형 요구

앞서 사람의 행동을 일으키는 동기의 원천은 '불쾌함을 멀리하고, 유쾌함을 가까이 한다.'에 있다고 설명했습니다. 이 원리는 '소비행동'에도 해당됩니다.

즉 사람이 돈을 지불하여 물건이나 서비스를 소유하려는 첫 번째 목적은 '불쾌함이나 고통을 해소하기 위해서' 입니다. 그리고 두 번째는 '쾌락 혹은 지금보다 좋은 상태를 손에 넣기 위해서' 입니다.

전문용어로 바꾸면 첫 번째가 고객자신이 헤어스타일에 가진 불만이나 고민, 생리적인 오류를 해소하려는 '문제해결형 요구'이고, 두 번째가 아름답고 멋진 스타일의 실현을 요구한다는 의미에서 '심미추구형 요구'라고 설명할 수 있습니다(그림2 참고). 스타일리스트를 포함해 일반인들은 이 '심미추구형'이 의미하는 것을 헤어샵의 주요 업무로 인식하고 있으며, 스타일리스트의 과반수 이상은 이 요구에 100% 응답하는 것이 자신의 사명이라고 믿습니다.

하지만 실제 헤어샵 현장에서 '고객의 요구'를 문제해결형과 심미추구형으로 나누어 보면 어느 쪽 비율이 높을까요?

　제 개인적인 해석이지만, 스타일리스트가 생각하는 만큼 헤어샵에 오는 고객이 언제나 '심미욕구'를 충족시키기만을 바라는 것은 아닙니다. 물론 연령층으로 나누면 10대에서 20대까지의 고객은 '심미요구'에 대한 관심이 높습니다. 하지만 30대 중반이 지나 나이가 들수록 모발과 두피에 변화가 생기기 시작하지요.

　흰머리가 늘었다, 모발이 가늘어졌다, 탄력이 사라졌다. 고객이 이러한 변화를 실감하면, '심미적 요구'가 발생하기 전에 '문제해결'의 욕구를 느끼게 되어 우선순위가 변하게 됩니다.

　'당연한 소리를……' 이라고 생각할지도 모르지만, 실제로 수많은 스타일리스트는 '문제해결형 요구'에 대응하지 못합니다.

　그만큼 '심미지향'이 뿌리 깊게 박혀 있다는 것이지요. 반대로 '문제해결' 방식으로 인류에 공헌하고 싶었다면, 미용사라는 직업을 선택하지 않았을 것입니다. 이 '모순'을 뛰어넘어, '문제해결'이라는 개념을 '일의 목적'으로 생각하는 사람은 반드시 매출이 오르게 됩니다.

헤어디자이너를 위한
고객과의 대화법

3장

모든 손님을 반드시
재방문하게
만드는
카운슬링 기술

매출 UP을 위한 레시피를 손에 넣어라.

스타일리스트의 80%가 월매출 100만 엔 미만

한 미용업계 전문지는 '스타일리스트의 약 80%는 월간 기술매출이 100만 엔 미만에 머문다.'고 보도했습니다. 더욱이 한 조사기관 리포트에 의하면 신입사원부터 경영자까지 모든 이·미용사들의 평균연봉(2015년)은 약 280만 엔이라고 합니다.

현재 경제상황을 고려했을 때, 타당한 수치일까요? 보는 사람의 주관에 따라 평가는 달라지겠지만, 참고로 2014년도 샐러리맨 평균연봉은 415만 엔입니다.

어시스턴트 시절부터 평균 4년 정도의 수습기간을 거쳐, 마침내 스타일리스트로 데뷔하게 됩니다. 본인의 노력뿐만 아니라 지도선배와 헤어샵의 수고를 포함하면, 모든 헤어샵에서 한 명의 스타일리스트를 배출하는 데 상당한 인적자원을 투자하고 있습니다.

따라서 헤어샵과 스타일리스트는 자신들이 쏟아 부은 에너지에 걸맞은 수익을 돌려받고 싶어 합니다.

이를 위해서라도 '스타일리스트의 80%가 월간 기술매출 100만 엔 미만'이라는 '현상'을 바꿔야만 합니다. 매일같이 수많은 스타일리스트를 만나다보면 월 매출 100만 엔도 결코 쉬운 숫자가 아니라는 점도 충분히 이해하고 있습니다.

하지만 미용을 생업으로 삼고 있는 많은 분들의 앞으로 생활과 미래설계를 고려해 볼 때, 지금의 '현상'은 돌파해야 할 필요성이 있습니다.

그렇다면 이 '현상'을 만들어 내는 요인은 무엇일까요? 만성적인 점포과잉 상태, 저가미용실 증가 등 업계환경을 포함한 여러 요인들이 있습니다. 제가 생각하는 가장 큰 요인은 헤어샵의 영업 스킬이 현재 비즈니스 환경을 따라가지 못한다는 점입니다.

따라가지 못하는 근본적인 원인은 대다수의 헤어샵에서 '매출을 올리는 노하우'가 체계화되어 있지 않다는 점에 있습니다. 즉, 헤어샵 매출의 성패는 개인의 고객응대, 영업 센스에 의해 결정되며, 이러한 '불확실성'이 헤어샵의 '현상'을 만들어내는 가장 큰 요인입니다.

암묵지라고하는 보이지 않는 장애

'매출을 올리는 노하우'가 체계화되어 있지 않기 때문에 스타일리스트의 대부분이 매출을 올리는 방법을 모른 채, 자신의 감각만으로 고객을 대합니다. '자신의 감각만으로' 고객을 대하는 방법은 헤어샵 내에서 언제나 높은 매출을 올리고 있는 유명 스타일리스트나 매출부진으로 고민하고 있는 스타일리스트가 같은 과제를 안고 있다는 것과 마찬가지입니다.

무슨 말이냐 하면, 매출부진으로 고민하고 있는 스타일리스트는 '매출로 이어가지 못하는 감각'으로 일을 하고 있기 때문에, 좋은 결과를 만들어내지 못합니다. 한편 유명 스타일리스트 역시 '왜 자신이 높은 매출을 기록하는지'에 대한 감각을 말로 설명하지 못합니다. 다른 스타일리스트에게 알려주지 못한다는 의미에서 쌍방의 과제는 동일합니다.

이처럼 유명 스타일리스트가 '높은 매출을 기록하지만, 그 방법을 말로 설명하지 못하는 지식'을 '암묵지'라고 합니다.

'암묵지'를 설명하는 데 있어 자주 사용되는 예가 '자동차 운전방법'입니다. '자동차 운전방법을 이해하기 쉽게 설명해 주세요.'라는 부탁을 받았을 때, 과연 몇 명이나 되는 사람이 말로 쉽게 설명할 수 있을까요? 운전은 남녀노소 누구나 할 수 있지만, 감각적인 동작을 말로 변환하여 설명하려고 하면, 쉽지 않다는 것을 깨닫게 됩니다.

원래 이야기로 되돌아가 헤어샵 내에서 높은 매출을 올리는 유명 스타일리스트가 있다 하더라도, 평소에 자신이 실시하고 있는 '매출을 올리는 노하우'를 암묵지로 놔둔 채 다른 스타일리스트와 공유하지 못한다면, 실적면에서 스타일리스트 개인과 헤어샵 전체의 성장을 방해하는 커다란 요인이 됩니다.

가장 먼저 손을 대야하는 부분은 경력 유무에 상관없이 누가 실시하더라도 일정 레벨의 결과를 낳을 수 있는 이른바 '매출을 올리는 레시피' 노하우를 손에 넣고, 사용할 수 있게 만들어야 합니다. 레시피가 되는 노하우가 3장에서 전하는 카운슬링 기술입니다.

레시피가 '현상'을 극적으로 바꾸다.

'지금부터 여러분의 헤어샵 매출을 극적으로 높이는 최강 레시피 노하우를 알려드립니다.' 이는 수백 명이 참여하는 대기업 브랜드 주최 강연이나, 참가자 20명 미만의 방문강습 등 제가 강습을 시작할 때 하는 말입니다.

여기서 레시피라고 단언하는 이유는 카운슬링에서 지시하는 순서

대로 적절하게 고객과 대화를 진행하면, 경력이 짧은 스타일리스트라도 고객이 갖고 있는 '진짜 요구'를 정확하게 끌어낼 수 있으며, 고객의 요구를 만족시킬 수 있는 최적의 제안을 제시할 수 있기 때문입니다. 그 결과 다음과 같은 영업성과를 올릴 수 있습니다.

- 커트 이외의 추가메뉴를 간단하게 유도할 수 있어, 1인당 단가를 올릴 수 있다.

- 고객을 잃을 확률이 현저히 낮아지고, 추천하는 고객이 늘어 고객 수가 증가한다.

- 매장판매 제품이 팔린다. 정확하게 말하면 상품을 권하지 않아도 고객이 먼저 "살게요."라고 말하는 '상황'이 늘어난다.

- 신규 재방문율이 극적으로 상승한다.

- 재방문 사이클이 짧아지고, 안정적으로 바뀌어 연간 총 방문객 수가 증가한다.

- 고객이 기뻐하고, 만족 상황이 자주 생겨 단골고객 · VIP고객이 증가한다.

- 스타일리스트, 어시스턴트 모두 고객대응과 제안에 자신감이 생기고 일이 더욱 즐겁게 느껴져 동기부여가 상승한다.

'장점 밖에 없다니, 말도 안 돼.'라고 생각하겠지만, 3장을 모두 읽고 난 후에는 '말이 되네.'라며 기분이 달라질 것입니다.

모든 고객을 반드시 재방문하게 만드는 카운슬링 기술의 진행방식

세 가지 스테이지와 여섯 가지 기본 스텝

'헤어샵 업무에 있어 카운슬링은 단순히 고객의 요구를 묻는 것이 아니라, 세일즈의 요소를 강하게 포함한 고객과의 대화시간이기도 합니다.' 이렇게 말하면 대다수의 미용사는 반사적으로 위화감을 느낄지도 모르겠습니다. 왜냐면 세일즈라는 단어 자체에 '판매술'이라는 이미지가 강하게 함축되어 있기 때문입니다.

이 생각을 초기화시키기 위해 세일즈의 의미를 다시 한번 정확하게 정의하자면 세일즈란, 고객의 요구를 이해하고 고객을 만족시키기 위해 최적의 상품과 서비스의 선택지를 제공한 후, 이를 받아들일지 말지 고객이 의사결정을 내릴 때까지 함께 하는 것입니다. 즉 고객이 적절한 선택을 결정할 수 있게 도와주는 업무입니다.

또한 실제로 카운슬링만큼 추가메뉴나 매장판매 제품을 제안하고 주문으로 유도할 적당한 기회는 없습니다. 이러한 의미를 포함해 고객이 보다 좋은 결과를 내릴 수 있도록 유도하기 위한 카운슬링의 순서를 소개하겠습니다.

카운슬링에는 그림3처럼 세 가지 스테이지가 있습니다. 첫 번째는 고객의 요구를 명확하게 파악합니다. 두 번째는 고객의 요구를 충족시키기 위해 구체적으로 제안합니다. 그리고 마지막 세 번째는 제안내용의 세부사항을 조정해 결정으로 유도합니다.

이 세 가지 프로세스를 헤어샵의 카운슬링 상황에 적용하려면 구체적으로 어떤 커뮤니케이션을 나누어야 할까요? 내용과 절차를 그림4로 정리했으니 먼저 살펴보시기 바랍니다. 이 내용과 순서에 따라 고객과 대화를 나누는 것이 카운슬링 기술의 기본입니다.

실제로 그림4에서 나타난 각 단계(대화 내용과 순서)에 따라 카운슬링 장면을 재현해 보겠습니다. 어떠한 기능들이 있는지 찾아봅시다.

〈그림 3〉

카운슬링 기술의 '3단계 스테이지'

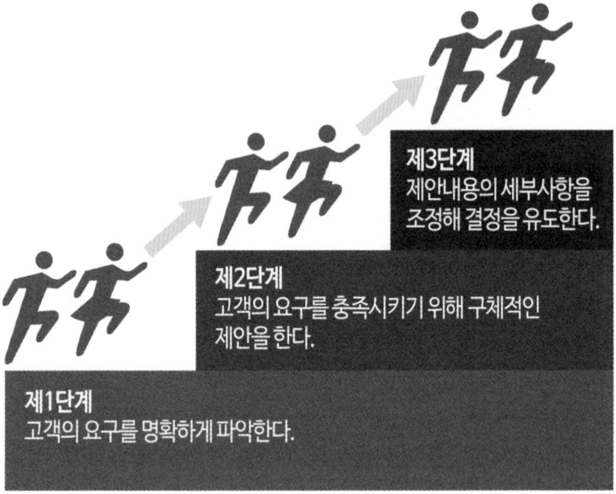

제3단계
제안내용의 세부사항을
조정해 결정을 유도한다.

제2단계
고객의 요구를 충족시키기 위해 구체적인
제안을 한다.

제1단계
고객의 요구를 명확하게 파악한다.

〈그림 4〉   ## 카운슬링 기술의 '여섯 가지 스텝'

제1단계   고객의 요구를 명확하게 파악한다.

스텝 ① 고객이 가지고 있는 헤어에 대한 문제(불평·불만·고민)를 묻는다.
스텝 ② 고객이 가지고 있는 헤어에 대한 문제(불평·불만·고민)를 구체적으로 파악한다.
※ 고객이 특별히 '불평·불만'을 느낄 때는 언제인가?

제2단계   고객의 요구를 충족시키기 위해 구체적인 제안을 한다.

스텝 ③ 고객이 가지고 있는 불평·불만·고민의 해결책이 되는 시술방법을 제안한다.
스텝 ④ 제안한 시술내용에 대한 감상과 반응을 묻는다.

제3단계   제안내용의 세부사항을 조정해 결정을 유도한다.

스텝 ⑤ 제안내용을 들은 고객이 느끼게 된 불안을 제거하기 위한 설명을 덧붙인다.
스텝 ⑥ 세밀한 조정으로(세부사항을 확인→동의 얻기) 결정을 유도한다.

여섯 가지 카운슬링 스텝

카운슬링 사례

〈고객 : I씨. 40세. 주부. 우연히 방문한 신규고객〉

커트시술만 주문

스타일리스트 "I씨 안녕하세요? 방문해 주셔서 감사합니다. 오늘은 커트하러 오셨다고 들었는데요."

고객 "네. 우선 커트만 부탁드릴게요."

스텝 ① 고객의 문제점(불평·불만·고민)을 묻는다.

스타일리스트 "알겠습니다. 우선 원하시는 스타일을 물어보기 전에 한 가지 여쭤보고 싶은 게 있는데요. 지금 헤어스타일에 대해 가지고 있는 불만이나 고민은 없으세요?"

고객 "불만이요? 음, 콕 집어서 말하자면 얼굴라인 주변이요. 곱슬머리인 탓에 꼬불꼬불한 잔머리가 지저분해 보이거든요."

스타일리스트 "곱슬머리 때문에 얼굴라인 주변이 지저분해지시는군요."

고객 "네. 그리고 곱슬머리인 탓에 목덜미 주변 헤어가 정리되지 않아서 짜증나기도 하고요."

스타일리스트 "목덜미 주변의 헤어가 정돈되지 않으시고요."

고객 "네. 지금은 그 정도예요."

스텝 ② 고객의 문제점(불평·불만·고민)을 구체적으로 파악한다.

※ 불평·불만·고민을 언제 느끼는가? 언제 두드러지게 느껴지는가?

스타일리스트 "알겠습니다. 그런데 지금 말씀하신 부분들은 주로 어떨 때 강하게 느껴지세요?"

고객 "얼굴라인은 항상 느껴져요. 늘 지저분한 게……."

스타일리스트 "항상 지저분한 느낌이 드시는군요."

고객 "네, 항상……. 목덜미 부분은 스카프를 둘렀을 때라든가, 목걸이를 착용할 때 특히 느껴져요."

스타일리스트 "스카프를 둘렀을 때라든가, 목걸이를 착용했을 때 말이죠. 그 외에는 없으세요?"

고객 "아, 그리고 커트한 지 2개월 이상 되어서 조금 무겁게 느껴지거든요. 가볍게 정리해 주셨으면 해요."

스텝 ③ 문제점(불평·불만)을 해결할 수 있는 시술방법을 제안한다.

스타일리스트 "알겠습니다, I씨. 그런데 신경이 많이 쓰이는 얼굴라인 주변 헤어는 커트만으로는 한계가 있어요. 얼굴라인 주변만 부분 스트레이트 파마를 해서 지저분한 헤어를 정리하면, 관리도 편리하게 할 수 있는데 어떠세요?"

스텝 ④ 제안한 시술내용에 대한 감상과 반응을 묻는다.

고객 "네? 스트레이트 파마요? 한번도 해본 적이 없어서요. 그런데 스트레이트 파마를 헤어 전체가 아니라 부분적으로도 할 수 있는 건가요?"

스타일리스트 "네. 가능해요. 특히 I씨 같은 경우는 부분만 하셔도 충분해요."

고객 "그래도 여기(얼굴라인)만 스트레이트로 펴면, 이 부분(사이드)하고 경계가 생기지 않을까요?"

스타일리스트 "파마한 부분과 하지 않은 부분에 차이가 생길까봐 걱정하시는 것이지요?"

고객 "네, 스트레이트 파마를 해본 적이 없거든요."

스텝 ⑤ 고객이 느끼고 있는 불안을 제거하기 위한 설명을 덧붙인다.

스타일리스트 "스트레이트 파마라고 해서 머리카락을 무조건 곧게 펴는 것이 아니라, 시술방법에 따라 자연스럽게 볼륨감을 만들 수도 있어요. 경계를 전혀 느끼지 못할 정도로요."

고객 "정말요? 자연스러운 스타일로 만들 수 있어요?"

스텝 ⑥ 세밀한 조정으로(세부사항 확인→동의 얻기) 결정을 유도한다.

스타일리스트 "그럼요. 예를 들어 이런 분위기의 스타일이에요."

고객 "우와, 이런 느낌의 스타일이에요? 그런데 스트레이트 파마를 하면 머릿결이 많이 상하지 않나요?"

스타일리스트 "머릿결 손상이 신경 쓰이시군요."

고객 "네. 제 나이 정도에 머릿결이 상하면 더 나이 들어 보이거든요."

스타일리스트 "그렇지요. 손상이 적은 제품을 사용해서 자연스러운 스타일을 완성하는 방법도 있어요."

고객 "네? 그런 방법도 있어요?"

스타일리스트 "네. 참고로 이렇게 하시면 요금은 ○○엔이구요. △~△시간 정도 소요될 예정이에요. 어떠세요?"

고객 "그렇군요. 그러면 그렇게 부탁드릴게요."

스타일리스트 "감사합니다. 목덜미 주변에 새로 자란 머리카락은 상태를 확인해서, 커트할 수 있는 부분은 가능한 정리해 드릴게요. 그리고 드라이 방법에 따라 정리할 수 있는 부분도 있으니까요. 나중에 설명해 드릴게요."

고객 "네. 그럼 잘 부탁드리겠습니다."

이어서 사례를 스텝별로 분석하면서, 각각의 중요한 포인트에 대해 설명하겠습니다.

제1단계 고객의 요구를 명확하게 파악하라.

스텝 ① 고객의 문제점(불평 · 불만 · 고민)을 묻는다.

※ 고객이 '헤어스타일에서 신경 쓰고 있는 부분은 무엇인가?'를 묻는다.

사례에 나오는 첫 번째 질문으로 카운슬링을 시작해주세요.

"우선 원하시는 스타일을 물어보기 전에 한 가지 여쭤보고 싶은 게 있는데요. 지금 헤어스타일에 대해 가지고 있는 불만이나 고민은 없으세요?"

대다수는 고객은 미용사로부터 '오늘은 어떤 느낌으로 해드릴까
요?'라는 질문을 받을 것이라고 생각하기 때문에, 헤어스타일의 불
만이나 고민에 대한 질문을 받았을 때 순간적으로 대답을 망설이
게 될지도 모릅니다.

하지만 사례처럼 대부분의 고객들은 의외로 자연스럽게 자신의
'불평 · 불만 · 고민'을 이야기합니다.

고객 "불만이요? 음, 콕 집어서 말하자면 얼굴라인 주변이요. 곱
슬머리인 탓에 꼬불꼬불한 잔머리가 지저분해 보이거든요."

스타일리스트 "곱슬머리 때문에 얼굴라인 주변이 지저분해지시
는군요."

고객 "네. 그리고 곱슬머리인 탓에 목덜미 주변 헤어가 정리되지
않아서 짜증나기도 하고요."

고객의 '물리적 문제점'과 '감정적 문제점'

첫 번째 질문으로 이끌어낸 대답에서 다음과 같은 두 가지 문제점

이 명확하게 나타납니다. 우선 첫 번째는 현재 고객이 자신의 모발상태에 대해 느끼고 있는 '물리적인 문제점'입니다.

'얼굴라인 주변이 곱슬머리 때문에 지저분하다' '곱슬머리인 탓에 목덜미 주변 헤어가 정리되지 않는다'라는 두 가지 점이 고객이 평소에 신경 쓰고 있는 '물리적인 문제점'입니다.

그에 반해 두 번째 문제는 '꼬불꼬불하다'라든가 '정리되지 않는다'라는 물리적인 문제로 인해 발생하는 '감정적인 문제점'입니다. '지저분하다'라든가 '짜증난다'라는 부정적인 감정이 고객의 대답 속에 포함되어 있습니다. 바로 '감정적인 문제점'입니다.

대부분의 경우 질문을 통해 고객으로부터 유도해 낸 '첫 번째 대답', 이번 사례에서는 '얼굴라인 주변이 곱슬머리 때문에 지저분하다' '곱슬머리인 탓에 목덜미 주변 헤어가 정리되지 않는다'이며, 고객이 지금 가장 먼저 해결하고 싶은 자신의 헤어스타일에 대한 가장 큰 고민, 즉 첫 번째 요구사항입니다. 이 고민을 해결하는 것이 담당 스타일리스트와 고객의 주요 주제이며, 이후 카운슬링은 이 주제에 따라 구체적인 시술을 어떤 방향으로 진행할 것인지를 결정합니다.

스텝 ② 고객의 문제점(불평 · 불만 · 고민)을 구체적으로 파악한다.

※ 불평 · 불만 · 고민을 언제 느끼는가? 언제 두드러지게 느껴지는가?

스텝 ①의 질문을 통해 고객이 헤어스타일에서 느끼는 불만이나 고민, 즉 요구사항을 이끌어냈습니다. 여기서 대다수의 스타일리스트는 다음과 같이 반응해 버립니다.

"그러시군요. 그렇다면 얼굴라인 주변의 곱슬머리는 이 부분만 포인트로 스트레이트 파마를 하면 훨씬 깔끔해 질거예요. 어떠세요?"

['반응해 버리면' 안 되는 건가요?]

네. 솔직히 말해서 매우 곤란합니다. 왜냐하면 타이밍이 너무 빨랐기 때문입니다. 타이밍이 빠르다는 의미를 고객이 아직 마음을 열지 않은 상태라고 설명하면 이해가 되시나요? 요약하면 고객은 스타일리스트의 첫 번째 질문에 대답했을 뿐입니다. 이 타이밍에 바로 구체적인 제안을 받으면, '상술'로 받아들이면서 고객은 부담감을 느끼게 됩니다.

커뮤니케이션은 주로 캐치볼이나 테니스 랠리로 비유합니다. 파장이 맞는 상태란 서로의 호흡이 일치하여 일정의 리듬으로 볼을 주고받는 것을 말합니다. 그런데 갑작스런 제안을 받으면 상대로부터 강속구가 날아오거나, 스매시 공격을 받은 것과 같은 스트레스를 받게 됩니다.

고객을 유혹하는 한 가지 질문

그렇기 때문에 고객의 부담을 덜어주는 충격완화용 대화가 필요합니다. 이때 스텝 ② '고객의 문제점(불평·불만·고민)을 구체적으로 파악하기' 위한 질문을 합니다.

스타일리스트 "알겠습니다. 그런데 지금 말씀하신 부분들은 주로 어떨 때 강하게 느껴지세요?"(이처럼 헤어스타일에 대한 문제점을 느끼게 되는 구체적인 상황을 묻는다.)

고객 "얼굴라인은 항상 느껴져요. 늘 지저분한 게……."

스타일리스트 "항상 지저분한 느낌이 드시는군요."

고객 "네, 항상……. 목덜미 부분은 스카프를 둘렀을 때라든가, 목걸이를 착용할 때 특히 느껴져요."

이처럼 자신의 헤어상태와 그로 인한 감정을 말로 표현할 때, 고객은 어떤 생각이 들까요? 고객은 헤어상태의 불만을 말하는 순간, 마치 불쾌함을 느끼는 장면을 비디오로 재생시키듯이 비주얼적으로 환기시킵니다.

스텝 ②의 질문으로 고객은 '아~! 오늘은 기필코 이 불만에서 벗어나고 말겠어!'라는 욕구를 스스로 키우게 됩니다. 즉, 오늘은 적어도 'ＯＯ를 한 다음에 집에 가야지.'라는 기분이 강해지게 되고, '할 수 있는 방법만 있다면 해야겠어.' 라는 사고가 커지게 되는 경향이 있습니다.

'YES 세트법'으로 긍정적인 분위기를 만들어라.

이쯤에서 스텝 ①과 ②의 커뮤니케이션을 이어나갈 때 한 가지 유의해야 할 점을 알려드리겠습니다. 스타일리스트는 고객이 의견을 말할 때마다, 어떻게 반응하고 있나요?

고객 "불만이요? 음, 콕 집어서 말하자면 얼굴라인 주변이요. 곱슬머리인 탓에 꼬불꼬불한 잔머리가 지저분해 보이거든요."

스타일리스트 "곱슬머리 때문에 얼굴라인 주변이 지저분해지시는군요."

앵무새처럼 고객의 말을 따라합니다. 이 반응에 상대방은 어떻게 나오나요?

고객 "네. 그리고 곱슬머리인 탓에……."

단순한 대화지만 반드시 '네.'라고 말하게 됩니다. 대화를 통해 신뢰관계를 구축하고자 하는 카운슬링에 있어 '네'라는 단어는 매우 중요합니다. '네' 혹은 'Yes'. 이때 상대로부터 'Yes'를 이끌어 내면 대화 전체에 긍정적인 분위기가 형성됩니다. 의도적으로 'Yes'를 이끌어 내는 방법을 'YES 세트법'이라고 합니다. 마음을 터놓고 이야기할 수 있는 분위기가 조성되면 이후에 카운슬링이 더욱 활기차게 되기 마련이지요.

제2단계 고객의 요구를 충족시키기 위해 구체적인 제안을 한다.
스텝 ③ 문제점(불평 · 불만)을 해결할 수 있는 시술방법을 제안한다.
스텝 ①에서는 고객이 자신의 헤어스타일에서 느끼고 있는 문제점을 들었고, 스텝 ②를 통해 '언제 두드러지게 느껴지는가?'에 대한 질문을 덧붙였습니다.

스텝 ②로 인해 고객은 자신의 문제를 더욱 리얼하게 의식합니다. 의식했기 때문에 문제를 해결하고 싶은 욕구가 스스로 강해집니다. 이때가 문제해결을 위한 구체적인 시술을 제안하기 가장 적절한 타이밍입니다.

카운슬링 사례에서 제안하는 장면을 살펴보며, 포인트를 설명하겠습니다. 포인트를 설명하기 전에 한 가지, 커뮤니케이션에서 주의해야할 사항이 있으므로 주의사항을 먼저 짚고 넘어가겠습니다.

시술제안은 가능한 간결하게 해라.

스텝 ③에서 해결책을 제안할 때는 가능한 심플하게 정리해서 제안해야 합니다.

무슨 말인가 하면, 예를 들어 'OO이라는 고민은 XX로 △△하는 건 어떠세요?' 정도로 간략하게 제안하는 것이 중요합니다. 구체적으로 예를 들면 다음과 같습니다.

예1 "확실히 검은색 머리카락이 신경 쓰이겠네요. 이런 경우에는 다른 사람들이 봐도 인식하지 못할 정도의 자연스러운 갈색으로 염색을 하면 가벼운 느낌을 주는 데다가 지금보다 훨씬 어려 보일 거예요. 어떠세요?"

예2 "말씀하시는 것처럼 부드러운 머릿결이시네요. 그러면 뿌리에서 3cm 정도 떨어진 부분에 포인트 파마를 하면, 정수리 부분에 볼륨감을 살릴 수 있는데요. 이런 방법은 어떠세요?"

이처럼 방향성만 제시합니다. 왜냐하면 대부분의 스타일리스트는 고객에게 시술내용을 설명할 때 '얼굴라인 부분은 OO으로, 목덜미 부분에는 XX를 한 다음 전체적인 실루엣은 △형으로 하면……' 등 디자인의 세부사항까지 한번에 설명하려는 경향이 있습니다.

전문가끼리의 대화에서는 통하지만, 고객은 한번에 여러 가지 설명을 들으면 이해하지 못합니다. 설명이 길어지면 금세 싫증을 느껴 '오늘은 커트만 부탁드릴게요.'라며 마음을 닫게 되는 경우도 많습니다. 이러한 사태를 방지하기 위해서도 거듭 주의하길 바랍니다.

이어서 카운슬링 사례의 스텝 ③을 재현해 보겠습니다.

스타일리스트 "신경이 많이 쓰이는 얼굴라인 주변 헤어는 커트만으로는 한계가 있어요. 얼굴라인 주변만 부분 스트레이트 파마를 해서 지저분한 헤어를 정리하면, 관리도 편리하게 할 수 있는데 어떠세요?"

이처럼 스타일리스트가 건넨 제안은 커트를 기본으로, 얼굴라인 주변의 곱슬머리 문제를 해결하기 위한 '부분 스트레이트 파마를 해보는 건 어떠세요?'라는 내용입니다. 이러한 제안을 고객은 긍정적으로 검토하게 됩니다. 반대로 말하면 그 제안을 거부하는 편이 심리적으로 어렵습니다.

고객이 당신의 제안을 거절하지 못하는 이유

거절하지 못하는 이유는 이 제안이 어디에 근거한 내용인가에 있습니다. 바로 고객이 직접 호소한 자신의 문제를 해결하기 위한 제안입니다. 그러니까 이 제안을 거부하는 것은 스텝①, ②에서 말한 자신의 말과 행동을 스스로 거부하는 행위로, 즉 자기모순을 일으키기 때문입니다. 이때 자기모순을 피하기 위한 심리상태가 작동하게 됩니다.

인간은 본래 자신의 행동과 발언, 태도 등을 언제나 일치시키고자 하는 욕구를 가지고 있습니다. 왜냐하면 일관된 태도를 보이지 않으면, 타인으로부터 신용을 얻지 못한다고 생각하기 때문입니다. 타인으로부터 신용을 얻지 못하면, 인생을 살아가는 데 있어 어딘가 불합리함이 일어나는 것이 아닐까라는 무의식이 심어져 있습니다.

그러니까 타인으로부터 '저 사람은 말과 행동이 달라'라든가 '저 사람은 모순된 사람이야'라는 말을 듣는 것을 부끄러운 일이라고 생각하기 때문에 일관된 행동을 하게 됩니다. 이러한 인간심리를 '일관성의 원리'라고 말합니다.

이 장면에서 '일관성의 원리'가 작동되었기 때문에 고객은 스타일리스트의 제안을 긍정적으로 검토할 수밖에 없습니다.

'고객은 아무것도 모른다'는 것을 알아라.

스텝 ④ 제안한 시술내용에 대한 감상과 반응을 묻는다.

앞서 언급했듯이 인간심리의 관점에서 봤을 때, 고객은 스타일리스트의 제안을 긍정적으로 검토하게 됩니다. 실제로 고객은 어떻게 생각할까요? 의문을 가지거나 불안함을 느끼지 않을까요? 고객이 가지고 있는 의문이나 불안요소를 묻고 이해하는 프로세스가 스텝 ④ 입니다.

(스텝 ③에 이어서) "부분 스트레이트 파마를 해서 지저분한 헤어를 정리하면, 관리도 편리하게 할 수 있는데 어떠세요?"

여기서 스텝 ③의 마지막 말 (어떠세요?)가 스텝 ④의 '제안한 시술내용에 대한 감상과 반응을 묻는다.'에 해당합니다.

고객 "네? 스트레이트 파마요? 한번도 해본 적이 없어서요. 그런데 스트레이트 파마를 헤어 전체가 아니라 부분적으로도 할 수 있는 건가요?"

스타일리스트 "네. 가능해요. 특히 I씨 같은 경우는 부분만 하셔도 충분해요."

고객 "그래도 여기(얼굴라인)만 스트레이트로 펴면, 이 부분(사이드)하고 경계가 생기지 않을까요?"

스타일리스트 "파마한 부분과 하지 않은 부분에 차이가 생길까봐 걱정하시는 것이지요?"

고객 "네, 스트레이트 파마를 해본 적이 없거든요."

고객은 스트레이트 파마를 해본 경험이 없기 때문에 자신에게 어떤 도움이 될지 예상할 수 없었습니다. 하물며 스트레이트 파마를 부분적으로 할 수 있다는 것조차 몰랐지요.

이 스텝 ④의 목적은 제안에 대한 고객의 감상과 의견을 듣고, 고객이 갖게 된 의문, 느끼고 있는 불안, 고객이 미용기술에 대해 얼마만큼 알고 있는지 이해하기에 있습니다. 이를 바탕으로 다음 단계인 스텝 ⑤를 포함해 고객에게 도움이 될 팁을 제공합니다.

제3단계 제안내용의 세부사항을 조정해 결정을 유도한다.

스텝 ⑤ 고객이 느끼고 있는 불안을 제거하기 위한 설명을 덧붙인다.

스텝 ⑤는 앞선 스텝 ④에서 고객이 느끼게 된 의문과 불안을 제거하기 위한 설명을 덧붙여 고객이 확실히 납득할 수 있도록 유도합니다.

스타일리스트 "스트레이트 파마라고 해서 머리카락을 무조건 곧게 펴는 것이 아니라, 시술방법에 따라 자연스럽게 볼륨감을 만들 수도 있어요. 경계를 전혀 느끼지 못할 정도로요."

고객 "정말요? 자연스러운 스타일로 만들 수 있어요?"

스타일리스트 "그럼요. 예를 들어 이런 분위기의 스타일이에요."

고객의 의문이나 불안에 대응하기 위한 '준비'를 해라.

대부분의 고객은 스트레이트 파마라고 하면 머리카락을 무조건 곧게 펴는 기술이라고 인식합니다. 곱슬머리 때문에 정기적으로 스트레이트 파마를 하는 고객을 포함해 대다수의 고객이 그렇게 생각합니다. 그 정도로 고객은 현재 미용기술에 관한 지식이 없습니다.

당연히 스타일리스트는 스트레이트 파마 외에도 '고객에게 미용지식이 없다.'는 것을 기본으로 기술내용에 대한 고객의 의문사항이나 불안요소에 답변하기 위해 Q&A와 효과적인 도구를 사전에 준비해야 합니다.

이 장면에서는 '무조건 곧게 펴는 것이 아니라, 시술방법에 따라 자연스러운 볼륨감'이라는 말을 보다 정확하게 전달하기 위해, 스타일 견본을 보여주며 비주얼적인 설명을 덧붙입니다.

이처럼 스텝 ③에서 제안한 시술방법의 가치를 고객에게 정확하게 전달하는 것이 스텝 ⑤의 목적입니다. 이 단계에서 이미 고객의 마음은 스타일리스트의 시술제안을 받아들이는 상태가 됩니다.

스텝 ⑥ 세밀한 조정으로(세부사항 확인→동의 얻기) 결정을 유도한다.

여기부터는 헤어 카탈로그나 차트 등의 도구를 이용해 시술내용의 세부사항을 확인(요금 및 소요시간 설명 포함)하고, 고객이 당일 최종적으로 시술내용을 결정할 수 있도록 유도합니다. (이어서)

스타일리스트 "예를 들어 이런 분위기의 스타일이에요."

고객 "우와, 이런 느낌의 스타일이에요? 그런데 스트레이트 파마를 하면 머릿결이 많이 상하지 않나요?"

스타일리스트 "머릿결 손상이 신경 쓰이시군요.'

고객 "네. 제 나이 정도는 머릿결이 상하면 더 나이 들어 보이거든요."

스타일리스트 "그렇지요. 손상이 적은 제품을 사용해서 자연스러운 스타일을 완성하는 방법도 있어요."

고객 "네? 그런 방법도 있어요?"

스타일리스트 "네. 참고로 이렇게 하시면 요금은 ○○엔이구요. 시간은 △△정도 소요될 예정이에요. 어떠세요?"

고객 "그렇군요. 그러면 그렇게 부탁드릴게요."

스트레이트 파마 제안에 대해 고객이 안고 있던 첫 번째 불안요소인 '경계가 생기지 않을까?'는 스타일 견본을 사용해 해소하였고, '머릿결이 많이 상하지 않을까?'라는 의문에 대해서는 사용하는 파마약 제품의 특성을 설명하여 고객을 이해시켰습니다.

고객이 스스로 납득하게 되면 스타일리스트의 제안을 받아들이게 됩니다. 이처럼 할 수 있는 한, 고객이 느끼는 '불안과 궁금증'을 해소시키기 위한 적극적인 자세가 스텝 ⑤와 ⑥의 중요한 포인트입니다.

그 외에 보충항목이 있으면 설명을 덧붙인 다음 최종확인을 얻어냅니다.

스타일리스트 "감사합니다. 그리고 목덜미 주변에 새로 자란 머리카락은 상태를 확인해서, 커트할 수 있는 부분은 가능한 정리해 드릴게요. 그리고 드라이 방법에 따라 정리할 수 있는 부분도 있으니까요. 나중에 설명해 드릴게요."

고객 "네. 그럼 잘 부탁드리겠습니다."

'스텝 ① 고객의 문제점(불평·불만·고민)을 묻는다'에서 '스텝 ⑥ 세밀한 조정으로(세부사항 확인→동의 얻기) 결정을 유도한다'까지의 커뮤니케이션이 카운슬링 기술의 기본 방법입니다.

'인지부조화'와 '면전에서 문닫기 기법' 두 가지 인간심리가 재방문을 재촉한다.

신규고객은 '다른 미용실에서 놓친 고객'. 다른 미용실에서 놓친 고객은 대부분 헤어스타일에 대한 문제를 가지고 방문하는 경우가 많습니다. 특별히 신규고객을 담당하게 되었을 때는 최초 카운슬링에서 마지막 단계까지 진행할 때 각별한 주의가 필요합니다. 또한 고객이 제안을 망설인다면 그 이상 부담감을 주어서는 안 됩니다.

고객은 처음 방문한 미용실에서 이러한 상황이 전개될 것을 예상하지 못한 데다가, 다음과 같은 이유로 결정을 쉽게 내리지 못하는 경우가 많습니다.

예를 들어 '오늘은 시간이 없어서요.'라든가 '오늘은 그 정도의 비용을 생각하지 못해서요.' 아니면 '조금 더 생각해 본 다음에 결정하고 싶어요.' 등 입니다.

그럴 때는 '그러면 다음번까지 천천히 생각해 봐주세요.'라는 여운을 남긴 채, 다음번 방문의 포석을 깔아둡니다.

이 날 비록 커트시술에서 끝났다 하더라도, 처음 방문한 미용실에서 '경험'한 배려 섞인 카운슬링은 고객의 마음 속에 깊은 여운으로 남습니다. '지금까지 다녔던 미용실과는 어딘가 달라!'라고 말이죠. 경우에 따라 사전 카운슬링에서 이러한 대화를 나눈 것만으로도 재방문의 확률이 비약적으로 높아집니다. 또한 단순히 재방문만으로 이어지는 것이 아니라 스타일리스트로부터 제안받았던 시술내용을 재방문했을 때 고객이 먼저 주문하는 경우가 많습니다.

이를 '인지부조화'라며 말하며, 고객이 줄곧 고민해 오던 헤어스타일에 대한 고민의 해결방법을 알게 됐음에도 불구하고 방치했을 때 느껴지는 불편한 심리와 자신을 위해 방법을 찾아준 스타일리스트에게 제안을 받아들이기로 했다며 알려주고 싶은 심리(면전에서 문닫기 기법)가 작동하기 때문입니다.

또한 신규고객뿐만 아니라 오랫동안 지명으로 찾아오는 고객에게도 같은 방법의 카운슬링을 해보길 바랍니다. 그 경우에는 다음과 같은 말로 매우 자연스럽게 카운슬링을 시작할 수 있습니다.

"오랫동안 단골고객으로 찾아주시는 S씨에게 한 가지 확인해보고 싶은 게 있는데요. 여쭤 봐도 괜찮을까요?"

→ "네"

"감사합니다. S씨가 평소에 느끼고 있는 헤어스타일에 대한 불만이나 고민을 꼽자면 어떤 점이 있는지 다시 한번 확인하고 싶어서요."라고 말이죠.

지금까지 커트만 해오던 고객이 싱거울 정도로 간단하게 추가메뉴를 주문하게 됩니다.

카운슬링의 힘이 비약적으로 오르는 트레이닝법

'이 노하우를 사내에 정착시킬 수 있는 방법을 알려주세요.' '오너인 제가 강사가 되어 카운슬링 공부모임을 만들고 싶은데요. 어떻게 하면 효과적일까요?'

제 강습에 참가하는 분들로부터 자주 듣는 질문입니다.

카운슬링 기술을 실천하고, 사례를 정리한 다음 내용을 공유한다.

카운슬링을 실적상승으로 직결시키기 위한 트레이닝법은 무조건 다양한 카운슬링을 실천하고, 사례를 시트(다음 페이지 참고)에 기록한 다음 모임 등에서 공유하는 방법입니다. 회사 전체 혹은 점포 단위로 팀원 전체가 실적상승을 할 수 있으며, 현 시점에서 이 방법을 뛰어넘는 방법은 없다고 생각합니다. 실제로 제 강연에서도 특별한 경우를 제외하고는 반드시 실천사례를 공유합니다.

'카운슬링 기술' 실천사례 시트

담당자 : K 고객 : ㅆ씨(35세, 사무직)

고객이 방문한 동기와 방문 경위는?
소개받고 방문한 신규 고객
→ 회사 선배로부터 우리 미용실에서 헤어스타일 상담을 받아볼 것을 권유받았다.

---

❶ 고객이 갖고 있는 스타일에 대한 문제점(불평 · 불만 · 고민)은 무엇인가?
   물리적 문제 · 감정적 문제는?
고객은 자신에게 어떤 스타일이 어울리는지 전혀 모르겠다고 대답했다. 심한 곱슬머리인 탓에 오랫동안 스트레이트 파마만 해왔다. 미용실을 바꿔도 매번 같은 스타일에서 벗어나지 못했고, 기장이 조금 길던가, 짧던가 정도의 차이일 뿐이다. 이 상태가 10년 이상 이어지고 있다. 비슷한 스타일로 언제나 차분한 느낌의 스타일만 해왔다.

---

❷ 불평 · 불만 · 고민은 특별히 언제 강하게 느껴지는가?
오랫동안 비슷한 스타일을 유지하고 있다. 모든 미용실에서 스트레이트 파마만 제안해왔다. 솔직히 미용실에 대한 신뢰감이 없다고 말했다. 뿌리부분에서 15cm 정도 되는 머리카락이 심한 곱슬머리로 거의 머리끝까지 스트레이트 파마를 한 상태였다.

---

❸ 고객의 불평 · 불만 · 고민에 대해 어떤 해결책(시술)을 제안했는가?
오랜 시간 동안 스트레이트 파마를 지속적으로 해왔기 때문에 머리끝 트리트먼트와 디지털 파마를 제안했다.

---

❹ 제안내용에 대한 고객의 반응은?
(그렇게 하면 ●●게 되지 않나요? ⇒ 불안 · 걱정거리를 꺼내놓는다.)
미용실에 대한 좋은 이미지가 없던 탓에 스타일리스트가 제안하는 대로 될지, 스타일이 잘 나올지, 자신에게 어울릴지, 쉽게 손질할 수 있을지, 전부 미지의 세계이기 때문에 커다란 불안감을 갖고 있었다.

---

❺ 고객이 불안과 의문을 느끼고 있다면, 걱정을 해소시키기 위해 어떤 설명을 했는가?
스타일링은 간편하게 무스를 바른 채 말리면 되는 스타일이라고 설명했다.

---

❻ 세부조정(시술의 범위 · 정도 등 상세부분을 확인, 보충설명) 후 결정
그럼에도 불구하고 여전히 불안감을 안고 있었다. 잘 어울릴 테니 걱정하지 말라고 단언했다. 이어서 자세한 시술방법을 설명했다. 현재 무겁게 느껴지는 헤어기장은 숱을 쳐서 가벼운 스타일로 바꾼 다음, 디지털 파마를 하면 지금까지 유지해왔던 이미지와는 전혀 달라진다고 설명했다. 헤어가 갈라지거나, 납작해 보이는 고민을 개선할 수 있다고 설명하자 불안이 해소되었다.

---

❼ 시술에 들어가서~시술 중의 대화로부터 고객의 개인적인 정보를 묻는다
우선 1년 이상 커트를 하지 않았다. 그 정도로 미용실 방문을 부담스러워 했다. 선배로부터 이미지에 변화를 줘보라는 이야기를 듣고 나서야 오랫동안 미용실에 가지 않았다는 것을 깨닫게 되었다. 미용실에 가는 것이 힘들다. 특히 남성 스타일리스트가……. 그래서 언제나 여성 스타일리스트를 선호한다. 곱슬머리에 대한 콤플렉스, 곱슬머리라는 제약 때문에 어느 미용실에 가도 스트레이트 파마만 제안 받았다.

---

❽ 손질방법 · 에프터케어에 대한 설명과 다음번 방문대책: 다음 제안을 한다면?
아침에 머리가 젖은 상태에서 무스를 바른 다음 말려주세요. 그것만으로 충분합니다. 다음번에는 염색으로 부드러운 분위기를 연출해 보는 건 어떨까요? '태어나서 처음으로 미용실에 와서 다행이라는 생각이 들어요.'라는 말을 들어, 덩달아 기분이 좋아졌다.

방법은 간단합니다. 스타일리스트 각자가 카운슬링 기술로 실시했던 사례를 가지고 이야기를 공유하는 것입니다.

사례공유 미팅은 월 1회 정도 합니다.

이 방법은 매우 심플해 보이지만 실제로 수많은 학습요소가 담겨 있습니다. 당연하게 들리겠지만 참가자가 메모하게 되는 사례는 보고서로 작성할 수준의 내용이 아니면 의미가 없습니다. 즉 친절하게 카운슬링 기술을 실시하고 고객에게 만족을 준 다음, 가능한 추가메뉴나 상품판매 등의 매출을 올리는 데 성공한 사례여야만 미팅에 참가한 멤버들에게 발표할 수 있기 때문입니다.

예를 들어 3주 후 수요일에 사례공유 미팅이 정해져 있다고 합시다. 미팅에 출석하는 참가자는 우선 발표할 수 있을 수준의 카운슬링 사례를 만들기 위해 미용실을 찾아온 대부분의 고객에게 카운슬링 기술을 의식적으로 실시합니다. 이것만으로도 대다수의 스타일리스트가 자동적으로 질 높은 카운슬링을 실행하게 됩니다.

수많은 카운슬링 중에서 특별히 고객만족도가 높은 사례 혹은 추가메뉴, 상품주문으로 이어진 사례 등 자랑하고 싶은 사례들이 생겨납니다. 이러한 프로세스만으로도 점포단위에서 수많은 '개선사항'이 발생하게 됩니다. 이 단계에서 이미 팀의 원동력이 되는 커다란 성과가 나타납니다.

'외화(外化)'의 무한한 효과

이어서 공유하기 위한 실천사례를 시트에 기입합니다. 실천한 카운슬링 내용을 메모하는 행위는 자신의 경험을 되돌아보면서 다시 한번 요점을 머릿속에 입력하는 행동입니다. 이 행동으로 카운슬링 노하우의 이해도가 더욱 깊어지고, 깊어지면 깊어질수록 응용력이나 상황에 걸맞은 대처능력이 향상하게 됩니다.

마지막으로 실제사례를 공유하는 장소에서 자신의 실천내용을 발표합니다. 이때 다른 참가자로부터 질문과 지적, 평가를 받습니다. 미팅이 진행되는 동안 미처 생각하지 못한 각도에서 자신의 카운슬링, 제안, 마무리에 이르는 일련의 고객응대, 영업에 대한 개선점과 장·단점을 타인의 의견을 통해 확인할 수 있습니다. 참가한 사람 수만큼 진행되기 때문에 트레이닝의 상승효과는 무한대입니다.

일련의 방법을 인지과학이나 교육심리학에서 '외화'라고 말합니다. '외화'란 행동이나 경험으로 얻은 지식, 느낌, 자신의 생각 등을 마음속에 품어두는 것이 아니라 문장이나 도표로 표현하는 것을 말합니다. 말 그대로 '밖으로 표현한다'라는 의미입니다. 예를 들어 외화를 실시하면 다음과 같은 다양한 효과를 얻을 수 있습니다.

- 경험, 사고를 가시화(실제로 드러냄)함으로써 더욱 깊이를 더한다.
- 문장이나 도표를 다시 읽음으로써 객관적인 사고를 재검토한다.
- 자신의 행동, 경험을 타인에게 표현함으로써 사고와 이후 방식에 대한 깊이감이 더해진다.

여기서 다시 한번 3장의 서두에서 언급했던 '암묵지'라는 말을 떠올리길 바랍니다. 우수한 인재에게 훌륭한 노하우가 있어도 개인의 암묵지로 두는 한, 본래의 가치가 성과로 이어지기는 어렵습니다. 대다수의 헤어샵에서 공통으로 안고 있는 과제를 단기간에 해소할 수 있는 힘이 이 방법에 담겨 있습니다. 이 방법의 전형적인 사례를 한 가지 소개하겠습니다.

데뷔 6개월 만에 지명고객 44명, 1인당 단가 1만 4,125엔

제가 직접 카운슬링을 지도한 시니어 스타일리스트(S씨)가 데뷔한 지 불과 6개월 만에 올린 눈부신 실적과 실적 노하우를 소개하겠습니다.

S씨가 근무하는 헤어샵에서 한 달에 한 번 방문강습을 하게 된 것은 같은 해 2월이었습니다. 그해 7월에 스타일리스트로 데뷔한

S씨는 강습에서 배운 카운슬링 스킬을 총동원하여 꾸준히 매출을 키워왔습니다. 그리고 마침내 그해 12월에 지명고객의 1인당 단가가 1만 4,000엔까지 늘어나면서 매장 내 1위를 기록했습니다. 참고로 다음 페이지에 있는 데이터가 데뷔한 해의 7월부터 12월까지의 실적추이입니다.

제 강습은 S씨가 데뷔하기 불과 6개월 전에 시작되었습니다. 그 시점에서 S씨는 선배들이 실천한 다양한 카운슬링 사례를 보고, 자신이 스타일리스트가 되었을 때를 상상하며 배움을 이어나갔습니다. 그렇게 간접체험을 쌓아가던 중 S씨는 카운슬링에 있어 매우 중요한 한 가지 포인트를 발견했습니다.

대게 '각양각색의 고객들이 원하는 요구사항은 모두 다르다. 그렇기 때문에 각각의 차이에 따라 언제나 맨투맨으로 대응해야 한다.'라고 생각합니다.

그에 반해 S씨는 카운슬링을 할 때 '모두 제각기 다르게 보이지만, 사실 고객의 요구사항은 몇 종류의 패턴으로 분류할 수 있다.'는 점을 발견했습니다.

즉, 패턴별로 해결법을 제안할 수 있도록 사전에 준비를 해두면 수많은 고객의 요구사항에 대응할 수 있다는 것을 알게 되었습니

S씨의 데뷔 후 6개월간의 '실적 추이'

※ 커트요금 : 4,725엔

7월 실적 (데뷔 당시)

기술매상 : 15만 585엔   방문고객수 26명   지명고객수 10명

8월 실적

기술매상 : 28만 1,970엔   방문고객수 41명   지명고객수 11명
전체고객 1인당 단가 : 7,185엔   지명고객 단가 : 1만 1,888엔
매장판매 제품 매상 : 1만 2,621엔

9월 실적

기술매상 : 50만 2,569엔   방문고객수 59명   지명고객수 17명
전체고객 1인당 단가 : 8,518엔   지명고객 단가 : 1만 124엔
매장판매 제품 매상 : 2만 1,400엔

10월 실적

기술매상 : 53만 2,305엔   방문고객수 59명   지명고객수 13명
전체고객 1인당 단가 : 9,022엔   지명고객 단가 : 1만 2,498엔
매장판매 제품 매상 : 2만 3,600엔

11월 실적

기술매상 : 59만 6,974엔   방문고객수 66명   지명고객수 24명
전체고객 1인당 단가 : 9,045엔   지명고객 단가 : 1만 3,168엔
매장판매 제품 매상 : 8만 7,100엔

12월 실적

기술매상 : 95만 1,865엔   방문고객수 91명   지명고객수 44명
전체고객 1인당 단가 : 1만 460엔   지명고객 단가 : 1만 4,125엔
매장판매 제품 매상 : 7만 4,425엔

다. 이를 깨달은 S씨는 거의 대부분의 고객에게 추가메뉴를 제안하고 곧바로 주문으로 이어지게 만들었습니다. 그 결과, 데뷔 6개월 만에 신입으로서는 도저히 상상할 수 없는 실적을 올리게 되었습니다.

그리고 S씨는 다음과 같이 말했습니다.

"수많은 사례를 통해 배운 것이 전부였습니다."

4장

잘 나가는
스타일리스트의
조건을 갖춰라 ①

당신의 목표매출에 필요한 고객수를
확실하게 확보하는 방법

지금 당장 단골고객의 방문 사이클을 단축시키지 못하면, 그걸로 끝이다

삶은 개구리의 법칙

지금으로부터 15여 년 전의 일입니다. 제가 광고업계에서 일하던 시절, 당시 일본 칸사이 지역 주택업계의 카리스마적인 존재였던 경영자와 인터뷰를 할 계기가 있었습니다. 인터뷰 도중 경영자의 리스크 관리에 대한 이야기가 나왔는데, 카리스마 경영자는 다음과 같은 지론을 펼쳤습니다.

"당신은 '삶은 개구리'에 대한 이야기를 아시나요? 두 마리의 개구리를 준비한 다음, 첫 번째 개구리는 뜨거운 물이 담긴 솥 안에 넣습니다. 그리고 두 번째 개구리는 물이 담긴 솥 안에 넣은 다음 약한 불에서 서서히 온도를 올립니다. 첫 번째 개구리는 뜨거운 물에 던져진 순간, 뛰어올라 솥 밖으로 도망쳤기 때문에 살 수 있었지만, 두 번째 개구리는 수온이 서서히 올라간다는 것을 눈치 채지 못해 결국 죽게 됩니다. 이와 마찬가지로 경영자들에게 위협은 급격한 변화보다 느린 변화입니다. 첫 번째 개구리처럼 급격한 변화는 자각하기 쉽기 때문에 빠르게 대응할 수 있지만, 느린 변화는 자각하기조차 어려울 뿐더러 눈치를 챘을 때는 이미 상황이 늦어지게 되지요. 제가 생각하는 가장 큰 리스크는 느리고 눈에 보이지 않는 변화입니다."

저는 '삶은 개구리'의 이야기에서 비유한 '느리고 눈에 보이지 않는 변화야말로 경영의 가장 큰 리스크'라는 교훈을 지금도 가끔씩 떠올리곤 합니다. 이번 기회에 몇 해 전부터 헤어샵들이 공통으로 안고 있는 영업상의 문제에 대해서 이야기 해보겠습니다.

물론 정도의 차이는 있겠지만, 대부분의 헤어샵에서 자신도 모르는 사이에 고정고객의 방문 사이클이 늦어지고 있습니다. 눈에 보이지 않는다는 이유도 있지만, 대다수의 헤어샵은 지금도 여전히 손을 놓고 방치하고 있는 탓에 목표매출을 달성하지 못하는 상태가 지속되고 있습니다. 이해를 돕기 위해 좀더 구체적으로 설명하겠습니다.

'방문 사이클의 연장'이라는 조용한 후퇴

90년대 후반, 별안간 불어 닥친 카리스마 미용사 붐에서 시작된 미용버블도 2000년을 맞이하면서 사라졌습니다. 이후 미용업계는 하락선의 길을 걷게 되었다고 하지요. 실제로 카리스마 미용사 붐 이전 상태로 되돌아갔을 뿐, 과도한 투자를 해온 몇몇 헤어샵을 제외하고는 대다수 헤어샵의 실적은 크게 변하지 않았습니다.

뚜렷하게 바람의 방향이 바뀌었다고 느낀 것은 2008년 가을에 발생한 리먼 쇼크 사태로부터 6개월이 지난 2009년 봄입니다. 그때 이후로 대부분의 헤어샵에서 '요즘 들어 거의 매월 연속적으로 전년도 동월 대비 매출실적을 넘기지 못해요.'라는 목소리가 들리기 시작했습니다. 리먼 쇼크 사태에서 발단된 경기후퇴의 영향이 미용업계에도 나타나기 시작한 것입니다.

불경기인 탓에 매출이 떨어졌다고들 말하지만, 펑크를 수리하기 위해 구멍을 찾는다는 말처럼 매출이 오르지 않는 구체적인 원인을 특정한 다음 이를 개선하기 위해 노력하는 헤어샵은 거의 없었습니다.

왜냐하면 극단적으로 고객수가 줄었다 혹은 뚜렷한 수치로 수많은 고객을 저가 미용실에 빼앗겼다는 것처럼 눈에 보이는 데이터

없이, 앞서 언급했던 '고정고객의 방문 사이클이 늦어졌다.'는 '느려서 눈에 잘 보이지 않는 변화'의 형태로 나타났기 때문입니다.

방문 사이클의 연장으로 연8회 방문하던 고객이 어느 샌가 6회로 바뀌고, 6회 방문하던 고객이 4회가 된 것입니다. 평소에 철저한 고객관리를 의무화하고 있는 헤어샵이 아닌 이상 '조용한 후퇴'의 현상을 빠른 시간 안에 발견할 수는 없습니다. 그리고 지금의 사태에 이르기까지 약 5년 간, 실질적으로 대다수의 헤어샵은 이 문제를 개선하고 있지 않습니다.

헤어샵의 영업을 돕고 있는 제게 그때부터 지금까지 고객의 의식은 변함없이 절약이 최우선이고 이를 위해 미용실에 가는 횟수를 의도적으로 줄이고 있는 것이 아니냐고 묻는다면, 실제로는 그렇지 않습니다. 방문 사이클이 연장된 가장 큰 원인은 미용실의 최전선에 있는 스타일리스트가 확실히 해야 할 행동을 하지 않았기 때문입니다.

한마디로 스타일리스트가 고객에게 다음번 예약을 권유하지 않기 때문입니다. 적절한 재방문 시기조차 제안하지 않기 때문에 고객은 다음번 방문일을 '가능한' 뒤로 미루게 됩니다. 스타일리스트의 미권유로 인해 쌓이고 쌓인 적자를 연간총액으로 환산하면 어느 정도가 될까요?

잘못된 고객지향은 언젠가 '삶은 개구리'가 된다.

그렇다면 이 문제의 근본은 '적절한 압박'을 넣지 않은 스타일리스트의 근무태만일까요? 저는 자신도 모르는 사이에 생겨난 잘못된 고객지향이 원인이라고 생각합니다.

대다수의 스타일리스트는 '미용업에서의 고객응대란, 언제나 고객이 주도권을 가지고 있으며, 고객의 요구에 100% 응답하는 것이 자신들의 사명이다.'라고 생각합니다.

이러한 이유 때문에 고객의 주문이 커트면, 무슨 일이 있어도 커트에만 집중합니다.

이와 마찬가지로 고객의 별다른 요청이 없는 한, 다음번의 방문시기라든가 예약을 권유하는 행위는 지나친 강매이며 잘못된 행동이라고 생각합니다.

이처럼 영업에 대한 잘못된 인식을 가지고 고객을 대하면, 상황은 결코 변하지 않을 뿐더러 '삶은 개구리'처럼 돌이킬 수 없는 상황에 처해질지도 모릅니다. 그러니까 하루빨리 잘못된 사고방식과 행동을 바꿔야만 합니다.

우선 모든 고객이 문을 나서기 전까지 다음번 방문일을 제시할 것. 그리고 가능한 고객에게 다음번 예약을 하고 가도록 유도할 것. 헤어샵의 모든 스타일리스트가 실시하도록 규칙을 정해둡니다.

이를 위한 첫 번째 걸음으로 카운슬링부터 시술제안, 다음번 방문일 제시라는 일련의 커뮤니케이션 흐름의 '형태'를 만듭니다. 이번 장에서 구체적인 방법을 소개하겠습니다.

우선은 영업에 대한 인식을 개선하라

임원과 현장직원. 깜짝 놀랄 정도로 벌어진 영업에 대한 의식

"일리 있는 말이군요. 다음 예약은 커녕 저희들이 고객에게 다음번 방문일조차 권유하지 않았기 때문에 방문 사이클이 연장되는 것이었군요. 그렇다면 오늘밤이라도 당장 점장들을 소집해 긴급 미팅을 해야겠어요."

그렇게 해서 임원들을 소집해 독려를 한다하더라도…….

"사장님, 알겠습니다! 내일부터 매장에 반영하도록 하겠습니다! 저희들도 열심히 부하직원들을 이끌어가겠습니다!"라며 일부 임원들은 호응하지만, 미용실 현장에서 영업하는 직원들의 의식은 사람에 따라 상당한 온도차가 있습니다. 그리고 임원층의 의욕만큼

서로의 '의식차이'에 부딪치게 됩니다. 직원들의 평균적인 의식을 '이 정도쯤'이라고 인식하고, 그 부분을 출발선이라고 생각한 후 시작할 필요가 있습니다.

이해하기 쉽도록 우선 '이 정도쯤의 의식'이 무엇인지 설명하기 위해 제가 실시하는 강습 중에 자주 나타나는 한 장면을 재현해 보겠습니다. 참고로 3장에서 설명한 카운슬링 사례를 발표하고, 실천하며 개선점과 노하우를 서로 공유하는 '장면'입니다.

[강연 중에 카운슬링 기술의 실천사례를 발표하는 장면]

하시모토 마나부 "K씨부터 카운슬링 사례를 발표해보죠."

K "네. 이번에 제가 발표할 사례는 2년 정도 찾아오시는 지명고객의 추천으로 방문하신 회사원 E씨(30세)의 사례입니다."

하시모토 마나부 "우선 E씨가 가지고 있던 헤어스타일에 대한 고민은 무엇이었나요?"

K "E씨의 고민은 머릿결 손상이었습니다. 기장을 기르고 싶지만 손상이 마음에 걸린다고 하셨습니다."

하시모토 마나부 "그렇군요. 머릿결 손상이 특별히 더욱 신경 쓰일 때는 언제인가요?"

K "요즘은 거의 하루 종일이라고 하셨습니다. 그리고 겨울철 건조한 시기와 연말에 셀프로 시술한 염색 탓에 손상이 더욱 심해져서 신경이 쓰인다고 하셨습니다."

하시모토 마나부 "최초 오더는 커트뿐이었는데, K씨는 고객에게 어떤 제안을 했나요?"

K "우선 트리트먼트로 현재 손상된 상태를 회복시키는 시술을 제안했습니다. 그리고 머리끝 손상부분은 커트할 것을 권유했습니다."

하시모토 마나부 "K씨의 권유에 대해 고객은 어떤 반응을 보이던가요?"

K "네. 자연스럽게 '오늘은 그렇게 해주세요.'라고 말하셨습니다. 그리고 E씨에게 저를 소개해준 고객이 며칠 전 디지털 파마을 했는데, 굉장히 멋있어 보였다며 자신도 기장을 조금 더 기른 다음에 꼭 한번 해보고 싶다고 하셨습니다."

하시모토 마나부 "좋은 흐름이었네요. 어떤 파마 스타일을 생각하고 있는지에 대해서 이야기 나누어 봤나요?"

K "아니요, 그렇게까지는……. 일단 모발케어가 우선이었기 때문에 파마에 대한 이야기는 나누지 못했습니다."

하시모토 마나부 "그렇군요. 그렇다면 그날은 커트와 트리트먼트 시술만 했다는 것이군요."

K "네. 헤어스타일이 완성된 후에 홈케어 방법으로 아웃바스를 추천해 드렸더니 바로 제품을 구매하셨습니다."

하시모토 마나부 "좋네요. 이후의 제안이라던가, 다음번 예약이라던가, 다음번 방문에 대한 접근은 어떻게 하셨나요?"

K "아니요. 신규고객이고 부담감을 가질 수도 있다고 판단해서 다음번 방문에 대해서는 언급하지 않았어요."

하시모토 마나부 "네? 신규고객이라 하더라도 다른 고객의 소개로 오신 분 아닌가요? 이럴 경우에는 직접 권유하는 편이 훨씬 좋은데요."

K "아, 정말요? 권유하는 편이 좋은가요? 저도 나중에 든 생각이었는데요. 본인이 직접 기장을 조금 더 기른 다음에 파마를 하고 싶다고 하셨기 때문에 다음번 예약을 받아두는 편이 좋았을 것이라고 생각했거든요."

솔직히 어떤 생각이 드나요? 저는 "네? 그 자리에서 바로 다음번 예약을 제안하지 않았단 말인가요?"라며 강습 중에 의도치 않게 목소리가 높아지는 경우가 있습니다.

K씨도 약 3개월 간, 카운슬링 학습과 실천을 반복해오며, 1인당 고객단가, 매장판매 액수를 갱신해 오는 등 좋은 성과를 올리고 있었습니다.

하지만 이 사례를 통해 볼 수 있듯이 고객에게 곧바로 제안해도 괜찮은 장면이 나왔음에도 불구하고 실천하지 않았습니다.

물론 대형 헤어샵이나 개인 미용실에 따라 차이는 있겠지만, 제가 경험을 통해 느낀 스타일리스트의 평균적인 영업에 대한 의식은 '이 정도쯤'으로 인식하고 있습니다. 이 의식을 바꾸는 것이 출발점이며 개선을 향한 첫걸음이 됩니다.

다음번 방문을 권유하지 않는 것은 '둔감한 남자'와 같다.

3장에서 설명한 카운슬링 기술을 올바르게 실천하는 것만으로도 스타일리스트는 고객에게 빈틈없는 응대를 하고 있는 것입니다. 이 상황을 고객의 눈을 통해 보면, 지금까지 만났던 미용사와는 다르게 진지하게 자신의 생각을 들어주고, 지금 내게 가장 필요한 것은 무엇인지 알려주며, '자신을 누구보다 잘 이해해주는 멋진 사람'이라고 생각하기 때문에 이미 그 단계에서 스타일리스트에 대해 굉장한 호감을 갖게 됩니다.

예를 들어 이때 고객의 심리상태를 남녀의 만남(여기에서는 여자의 시선으로 바라본다)으로 바꿔 생각해 보면 다음과 같습니다.

지금까지 의식해 본 적 없던 남자와 우연히 단둘이 만나게 될 기회가 생겼습니다. 그리고 몇 시간 동안 함께 시간을 보내면서 정말로 재미있는 사람이고, 믿음직하며, 멋진 사람이라는 것을 알게 되었습니다. '어머, 이건 뭐지? 설마 내가……' 헤어질 시간이 다가올수록 이런 생각이 드는 그녀는 이 남자에게 무엇을 바랄까요?

당연히 여자로서 남자로부터 다음번 데이트 약속을 제안받기를 원합니다. 그런데 '다음번에도 괜찮으면 2, 3개월 후에 다시 만나요.'라는 말을 들으면 어떤 기분이 들까요?

'아, 이 사람은 나와 생각이 다르구나……'라며 실망하겠지요.

마찬가지로 카운슬링에 진지하게 임했고 시술도 만족스럽게 했지만, 다음번 예약은 커녕 방문일조차 제시하지 않는다는 것은 조금 전 장면처럼 여자의 심리상태에 가까운 생각을 고객에게 하게 만든 것은 아닐까요?

강습에서 이러한 예를 들며 다음번 방문에 대한 권유를 하지 않았을 경우의 영향을 설명하면, 참가자들은 쓴웃음을 지으면서도 납득했다는 표정을 짓습니다.

기존의 매출을 하락시키는 부주의한 '언어 습관'을 개선하라

아~, 이 말 한마디가 매출을 하락시킨다.

방문 사이클의 연장에 관해서 대다수의 스타일리스트가 공통으로 안고 있는 문제는 다음번 방문일을 애매하게 제시한다는 사실입니다. 예를 들어 10명의 스타일리스트가 있으면 아마도 9명이 다음과 같은 말을 할 것입니다.

"오늘 하신 스타일은 약 2, 3개월 정도 경과하면 손질하기 어려워지거든요. 그러니까 2, 3개월 정도 후에 방문해 주세요."

2, 3개월은 '스타일을 유지할 수 있는 기간'의 관점에서도 기간이 지나치게 길며, 고객을 건성으로 취급하고 있다는 느낌이 드는 것은 저뿐일까요? 평소에 습관처럼 내뱉는 부주의한 말 한마디가 공

연히 방문 사이클을 연장시키는 가장 큰 원흉이 됩니다.

그래서 저는 제가 직접 지도하는 스타일리스트에게 다음처럼 재방문시기를 알려주고, 예약을 유도할 수 있도록 어드바이스 하고 있습니다.

'오늘 하신 스타일은 약 2개월 정도 지난 시점에서는 스타일링이 어려워져요. 그래서 가능하다면 O월 둘째 주인 10일에서 16일 사이에 다시 오실 것을 권해드려요.'

높은 확률로 다음번 예약을 유도하기 위한 스텝

다음번 방문일을 알려줄 때는 애매한 표현을 피하고, 정확한 일시를 지정하면 지정할수록 예약을 유도하기 쉬우며, 방문 사이클도 단축된다.

이번에 하신 스타일은 대략 2, 3개월 정도 경과하면 손질하기 어려워지기 때문에, 다음에는 2, 3개월 후에 방문해 주세요.

'2개월에서 3개월'은 기간의 폭이 지나치게 길기 때문에, 결과적으로 방문일이 애매해진다.

제1스텝 다음번 방문일을 일주일로 한정한다.

이번에 하신 스타일은 약 2개월 정도 지난 시점에서는 스타일링이 어려워져요. 그래서 가능하다면 ○월 둘째 주인 10일에서 16일 사이에 다시 오실 것을 권해드려요.

제2스텝 다음번 방문일을 특정한다.

가능하다면 다음번 A님의 시술 일시를 미리 확보하고 싶은데요. 이 기간 중에 편하신 요일이나 시간이 있으세요? 참고로 오늘이 목요일이네요. 15일 목요일은 어떠세요?

YES의 경우 → 예약한다

고객이 결정하지 못하는 경우

알겠습니다. A님의 헤어를 가능한 아름다운 상태로 유지하기 위한 적절한 시술시기가 방금 전에 말씀드린 기간입니다. 그 기간 중에 방문하실 것을 권해드려요.

위와 같이 설명한 후, 다음 방문기간이 적힌 카드를 전달한다.

이처럼 우선 2개월 이내에 다음 방문을 권유한 다음, 후보일을 일주일 이내로 좁힙니다. 그리고 "만약 가능하다면 다음번 A님의 시술 일시를 미리 확보하고 싶은데요. 이 기간 중에 편하신 요일이나 시간이 있으세요?"라고 일시까지 접근해서 예약을 재촉합니다. '네? 그렇게까지 공격적으로요?'라고 생각할 수도 있겠지만, 이 방법은 예약률은 비약적으로 상승시킵니다.

스타일리스트의 상상 이상으로 "어떤 타이밍에 헤어샵에 가야할지 잘 모르겠어요."라고 말하는 고객이 많기 때문입니다. 확실히 제시하는 편이 고객에게도 이후 목표를 만들어주는 데 도움이 됩니다.

무엇보다 적절한 기간 내에 방문하는 것이 고객의 헤어스타일을 아름답게 유지시키기 위한 필요조건임으로 확실하게 전달하는 편이 담당자로서의 책임이라고 생각합니다. 일단 한번 시도해 보길 권합니다.

차기 예약률이 90%가 넘는 스타일리스트의 대화법

물론, 이렇게 접근하더라도 "2개월 후에 무슨 일이 생길지도 모르고, 지금 당장 결정하기는 어려워요."라고 말하는 고객도 있습니다. 만약 고객이 이런 반응을 보였을 때는 "알겠습니다. 어찌되었든 A님의 헤어를 가능한 아름다운 상태로 유지하기 위한 적절한 시술시기가 방금 전에 말씀드린 기간이니까요. 그 기간 중에 방문하실 것을 권해드려요."라고 설명한 다음 다음번 방문기간(여기서는 O월 둘째 주인 10일에서 16일 사이)을 적은 카드를 전달하거나 이 기간 일주일 전에 문자나 메일로 알려주는 등 형태가 남는 방법으로 방문을 유도합니다.

두말할 것도 없이 가장 좋은 방법은 다음 예약을 확정하는 것이지만, 만약 힘들다면 최소한 다음번 방문일은 반드시 제시하는 것이 미용실의 규칙임을 전 직원이 인식하고 있어야 합니다.

이렇게 하면 방문 사이클이 대폭으로 단축되고, 신규고객의 재방문율도 높아지게 됩니다. 한마디로 이 방법을 실시하는 것 자체가 전체 고객수의 증가를 촉진시키는 구조입니다.

덧붙이자면 제가 지도하는 사람들 중에서 다음 예약률을 90%대까지 끌어올린 스타일리스트들이 몇 명 있는데, 그들은 고객이 '나중에 무슨 일이 생길지도 모르는데…….'라며 거절하더라도, 다음과 같은 말로 아주 자연스럽게 예약을 확정짓습니다.

"그렇지요. 2개월 후의 일이니까요. 지금 확정하기 어려울지도 모르겠네요. 그런데 고객님 덕분에 최근에 예약이 거의 꽉 차는 일이 발생해서요. 경우에 따라 2, 3일 전에 전화를 주셔도 원하는 시간에 예약을 넣어드리지 못하는 경우가 늘어나고 있어요. 저로서는 A님이 원하시는 날에 꼭 예약을 넣어드리고 싶거든요. 물론 A님의 예약일에 맞춰 제 시간을 우선적으로 비워두고 싶기도 하고요. 만약에 그때 되서 시간이 안 되시면 부담없이 취소하셔도 되니까 '임시예약'이라도 해두지 않으시겠어요?"라고 말이죠.

그리고 말 그대로 '임시예약'을 받아둡니다. 정확하게 말하자면 임시예약을 '잡아두다'라고 하는데, 그 이유는 이 방법에 '교섭의 기법'이 숨겨져 있기 때문입니다.

처음에는 '다음번 예약을 해주세요.'라고 큰 부탁을 했지만, 부탁을 거절 당한 다음에 '임시예약'으로 한 단계 낮춰서 부탁을 하면 고객은 두 번째 부탁까지는 거절하기 어려운 심리상태에 빠지게 되어 결과적으로 동의를 하게 됩니다. 참고로 교섭술에서 이 방법을 '문전박대의 원리(Door in the face technique)'라고 합니다.

다음번 방문을 서두르게 만들기 위한 대본을 만들고, 그대로 연기해라.

'그렇게까지 고객에게 이야기할 수 있는 스타일리스트라면 상당한 베테랑이겠지.' 라고 생각하겠지만, 모두 20대 후반의 한창 성장하고 있는 스타일리스트들입니다. 이렇게까지 철저하게 카운슬링을 해야 하는 것인가에 대한 찬성과 반대가 있을지도 모르지만, 효과적인 방법을 활용해 진심을 담아 실천한다면, 결과는 반드시 따라오게 되어있다는 것을 명심하길 바랍니다.

이어서 높은 확률로 다음번 예약을 잡기 위한 토크 방법 사례를 소개하겠습니다. 이 대화를 대본으로, 모든 고객의 다음번 방문일을 확정 짓길 바랍니다.

'스타일을 유지할 수 있는 기간'을 고려해 2개월 이내의 시술 필요성을 고객에게 전달하고, 다음 방문일의 후보가 되는 주간을 지정한다.

"0월의 몇째 주, 5일에서 12일 사이에 시술해야 아름답게 유지할 수 있습니다."

일주일 중에 하루로 시일을 좁힌다.

"이 기간 중에 편하신 요일이나 시간이 있으세요? 참고로 오늘이 목요일이네요. 15일 목요일은 어떠세요?"

예약이 확정된 경우에는 시간을 정한다.

고객이 난색을 표할 경우에는 임시예약을 권유한다.

"만약의 경우 취소 및 시간변경이 가능하니, 이 기간 중에 임시예약이라도 걸어두지 않으시겠어요?" OK의 경우, 임시예약을 잡는다.

임시예약마저 어려울 경우에는 앞서 권유한 기간 중에 적절한 주간을 제시한다.

"힘드시군요. 그렇다면 O월 몇째 주, 5일에서 12일 사이에 방문하실 것을 권해드려요."

고객의 방문 사이클을
단축시키는 '계기'를 만들어라!

고객의 라이프 스테이지에 주목해라.

임시 강연에서 '방문 사이클 단축'에 관한 테마로 이야기를 나눌 때, 참가자에게 다음과 같은 질문을 자주합니다. "고객의 방문 사이클이 짧아지는 이유는 무엇일까요? 지금까지의 경험을 바탕으로 짐작되는 이유를 최대한 말해보세요."라고 말이죠. 참가자들은 다음과 같이 대답합니다.

고객이 '흰머리가 신경 쓰이기 시작했을 때' '긴 생머리에서 단발머리로 이미지를 바꾸고 싶을 때' '졸업이나 취직 등을 계기로 염색을 다시 해야 할 때' 등이 있습니다. 즉, 노화나 기분 전환, 인생의 전환점 등 헤어스타일에 변화를 주고 싶은 '계기'가 있습니다. 그러한 계기를 이유로 지금까지 해오던 '시술 패턴의 변경'을 위해 미용실에 가야할 필요성이 증가하게 됩니다.

특히 여성이 헤어스타일을 바꾸고 싶어지는 '계기'에 스타일리스트가 더욱 주목한다면 고객의 '시술 패턴의 변경'이 필요해진 시기를 놓치지 않게 되고, 결과적으로 방문 사이클을 근본적으로 단축시키게 될 가능성이 커집니다.

고객의 라이프 스테이지를 이해할 수 있으면, 제안의 찬스가 급격하게 넓어진다.

> 연령에 따라 변화하는 생활단계를 라이프 스테이지라고 말한다. 인간의 일생에 따라 출생부터 취학, 취직, 결혼, 출산, 육아, 사회복귀 또는 은퇴 등 인생의 단계별로 생활 스타일이나 가치관, 우선순위, 관심분야가 달라진다.

갑작스럽지만, 라이프 스테이지라는 말을 아시나요? 인간의 일생에 따라 전환점이 되는 사건, 예를 들어 출생·입학·졸업·취직·결혼·출산·육아·퇴직 등에 따라 변화하는 생활환경이나 스타일의 단계를 말합니다. 이와 마찬가지로 헤어샵의 고객도 각각 '인생의 단계'에 따라 요구사항이 달라집니다.

위의 그림처럼 학생시절을 거쳐 취직을 하고, 결혼과 출산으로 육아기간에 들어갑니다. 그로부터 얼마의 시간이 지나 어느 새 아이들도 부모의 도움이 필요 없어지는 시기가 찾아옵니다. 이처럼 인생의 단계에 따라 고객의 요구사항, 관심, 고민, 희로애락, 바람 등이 모두 다릅니다.

예를 들어 두 명의 자녀를 둔 어머니인 여성고객이 있습니다. 이번 봄, 둘째 아이가 고등학교에 입학하면서 드디어 육아에서 어느 정도 해방된 고객은 다시 한번 사회로 복귀하고 싶다는 생각을 하기 시작했습니다. 이러한 타이밍이 라이프 스테이지의 변화입니다. 고객은 구직활동을 위해, 몇 달 전부터 '단정한 스타일로 바꿔야지.'라고 생각하고 있었습니다.

스타일리스트가 고객의 방문 사이클이 바뀌는 '계기'에 주목하는 것이란, 이러한 타이밍을 캐치해, 고객의 요구에 걸맞은 제안을 할 수 있도록 평상시에 안테나를 세우고 업무에 임하는 것을 말합니다.

사전에 준비하면 고객의 방문주기가 변한다.

고객에게 안테나를 세우라는 말은, 예전부터 최근까지 줄곧 선호하는 헤어스타일에 대한 데이터를 참고하면서 지금 이 순간 고객의 생각이나 기분이 변화했을지도 모른다는 가능성을 언제나 열어두라는 것입니다.

예를 들어 고객의 연령이나 라이프 스테이지를 참고해 앞선 예처럼 '고객이 이직할 예정은 없는가?' '나이가 들면서 생기는 새로운 고민은 없는가?' '스타일 변화로 기분전환을 하고 싶어 하지는 않는가?'처럼 만약에 있을 경우를 대비해 사전에 만반의 준비하는 것입니다.

그리고 카운슬링할 때, 다음과 같은 대사로 고객의 요구사항을 확인하길 바랍니다.

"지금까지 같은 스타일로 커트를 해왔는데요. 기분전환을 포함해서 다르게 변화를 주고 싶다거나, 지난번과는 다른 요구사항 없으세요?"

이 말에 대해 '음. 사실은 예전부터 한번 상담해 보고 싶었던 부

분이 있는데요.' 등의 반응을 보인다면 빙고! 찬스가 찾아온 것입
니다.

방문 사이클의 단축과 소개를 받고 찾아온 고객의 의외의 관계

'고객증가'를 위한 동일 테마로, 이번에는 '소개'라는 점에 대해서
이야기를 해보겠습니다.

지금까지 수집해온 카운슬링 사례 중 특별히 '소개고객'의 수많
은 케이스를 관찰해 본 결과, 소개의 패턴은 '두 명의 인물'에서 발
생한다는 것을 알 수 있었습니다.

첫 번째 인물은 VIP고객으로 인간관계가 넓고, 이래저래 오지랖
이 넓은 타입의 고객입니다. 주변 친구들에게 적극적으로 광고해
주는, 이른바 '광고담당'이 소개하는 패턴입니다.

두 번째 인물은 일반고객으로 '스타일이 아주 멋지네요. 어느 미
용실에 다니세요?'라며 그녀의 주변 사람들로부터 소개를 부탁받
는, 즉 '광고모델'로부터 소개가 이어지는 패턴입니다.

실제로 거의 대부분의 '소개'는 두 가지 타입의 사람을 매개체로 발
생합니다. '광고담당'에 관해서는 특별히 설명할 부분이 없으므로, 이
장에서는 '광고모델'이 되는 인물에 대해서 알아보도록 하겠습니다.

'광고모델'이 되는 고객은 어떤 고객인가?

'아무래도 스타일리스트의 노력으로 멋진 스타일을 만들어낸 고객을 말하겠죠!'

'맞습니다! 아무래도 스타일리스트의 실력이 모든 것을 대변하겠지요.'라고 말하고 싶지만, 저는 조금 다르게 생각합니다.

지금까지 수많은 소개 패턴을 봐 온 제 견해는 꾸준하게 관리를 받아 온 고객, 방문횟수가 높은 고객이 '광고모델'의 역할을 담당하게 됩니다. 즉 디자인이라든가, 눈에 띄는 개성보다 자신의 헤어스타일을 언제나 최상의 상태로 유지하는 고객이 주변 사람들로부터 관심을 받게 됩니다.

소개특전 등의 판촉만으로 소개촉진을 도모할 것이 아니라 '광고모델'이 될 만한 고객의 수를 늘려 자연스럽게 소개가 증가하는 상태를 만드는 데 주력해야 합니다.

이를 위해서 지금까지 설명해 온 방법을 실천하고, 방문 사이클 단축을 위한 방법을 철저하게 실행해야 합니다. 제가 내린 결론은 결국 '영업의 기본'을 유지하는 것이 가장 효과적인 소개고객 획득의 전술입니다.

'공격은 최고의 방어'라는 말처럼, 제안이야말로 최고의 '방어·유실고객 대책

오랜 단골고객이 갑자기 찾아오지 않게 된 진짜 이유

신규고객을 유치하기보다 기존고객을 지키는 것이 경영에 매우 중요한 개념입니다. 이 개념을 표현하는 마케팅 용어로 '1대 5의 법칙'과 '5대 25의 법칙'이 있습니다.

'1대 5의 법칙'은 신규고객을 확보하는 비용은 기존고객보다 5배 더 필요하다는 법칙입니다. 또한 '5대 25의 법칙'은 기존고객의 유출을 5% 개선하면, 실제로 이익은 25% 개선된다는 법칙입니다.

강연 중에 '고객을 지켜라'라는 테마를 다루면, 스타일리스트들은 자신들이 안고 있는 과제나 고민을 이야기합니다. 그 중에서도 공통적으로 많이 언급되는 내용은 다음과 같습니다.

"저 같은 경우에는 몇 년째 동일한 헤어스타일을 유지해 오는 고객이 많은데요. 언젠가는 스타일이 지겨워졌다며 손님을 잃게 되는 것은 아닌지 불안해요."

신기하게도 모든 헤어샵에서 마치 정해진 것처럼 같은 의미의 불안을 호소하거나, 강연에 참가한 대다수의 사람들이 앞의 이야기에 동조합니다.

하지만 현실적으로 조금 전에 언급한 불안은 기우에 지나지 않습니다. 왜냐하면 고객은 헤어스타일에 질려서 미용실을 바꾸는 것이 아니기 때문입니다. 그렇다면 원인은 무엇일까요? 바로 담당 스타일리스트인 당신에게 질렸기 때문에 미용실을 바꾸게 됩니다.

다소 불쾌하게 들리겠지만, 사실입니다. 정확하게 말하자면 단순히 질렸다기보다 '나를 대하는 스타일리스트의 방식' 때문에 정나미가 떨어집니다.

2장에서 언급했듯이 스타일리스트가 '오늘은 어떻게 해드릴까요?'라는 질문만 하기 때문에 고객은 조건반사적으로 '예전과 같은 스타일로 해주세요.'라고 답하게 됩니다. 이때 고객은 속으로 다음과 같은 생각을 하게 됩니다. '나한테만 생각하라고 하고, 스타일리스트로서 제안은 없는 거야?'라고 말이죠. 이것은 마치 권태기 커플의 데이트와 같습니다.

　남 "오늘은 어디 갈까?"

　여 "……아무데나(어디 갈지 정도는 생각하고 와라!)."

　남 "뭐 먹을래?"

　여 "……아무거나(가끔은 새로운 레스토랑 좀 데려가 줘라!)."

　즉, 표면적으로 여자가 원하는 대로 해주는 것 같아 보이지만, 사실은 결정을 여자에게 떠넘겼을 뿐 대화 속에 남자의 의지는 없습니다. 의지가 없다는 표현에서 여자는 '나에 대한 배려가 전혀 없어.'라고 느끼게 됩니다. 이런 사소한 불만에서 시작된 마이너스 포인트가 쌓이고 쌓이다 일정 수준을 넘게 되면 여자는 이별을 선언하게 됩니다.

　오랜 단골고객이 어느 날 갑자기 오지 않을 때는, 권태기 커플의 마지막과 같은 심리 프로세스에 다다르게 된 것이라고 생각해야 합니다.

　적어도 두 번에 한 번 정도는 고객에게 '저는 당신에 대한 애정을 가지고 있어요.'라는 메시지를 보내, 권태기로 향하고 있는 두 사람의 관계를 원상태로 되돌릴 필요가 있습니다.

고객에게 자신의 마음을 전달하는 '최적의 방법'이란?

그렇다고 해서 있는 그대로 "나는 당신을 이렇게 생각해요."라고 말 할 수는 없습니다. 과연 이런 상황에서는 어떻게 해야 할까요? 3장에서 언급했듯이 고정고객인 고객을 대할 때는 카운슬링 기술 스텝에 따라 카운슬링을 실시하여, 다시 한번 고객의 고민이나 바람을 묻습니다.

이 방법으로 '마음을 전달'할 수 있는지에 대해서는 다음에 설명하겠습니다. 우선, 대화 사례를 살펴보도록 합시다.

스타일리스트 "매번 이용해 주셔서 감사합니다. Y씨에게 다시 한번 물어보고 싶은 게 있는데요. 한 가지 여쭤 봐도 될까요?"

고객 "네? 갑자기 무슨 이야기를?"

스타일리스트 "변함없이 저에게 헤어를 맡겨주고 계시는데요. Y씨가 원하는 스타일대로 잘 맞춰드리고 있나 해서요."

고객 "물론이죠. 만족하지 않았으면 찾아오지 않았겠지요(웃음)."

스타일리스트 "감사합니다(웃음). 그런데 말이죠. Y씨는 헤어스타일에 가진 불만이나 고민은 없으세요. 다시 한번 제대로 파악하고 싶어서요."

(스텝 ①)

고객 "스타일에 대한 불만이라……. 음, 아무래도 직모가 가장 큰 불만이죠. 사실은 화려하고 볼륨감 있는 분위기의 스타일을 하고 싶거든요. 뭐, 고질적인 직모인 탓에 어쩔 수 없이 포기했지만 말이죠."

(스텝 ②)

스타일리스트 "화려하고 볼륨감 있는 분위기의 스타일을 원하셨군요. 참고로 직모가 가장 신경 쓰일 때는 언제인가요?"

고객 "신경 쓰일 때요? 아침에 거울 앞에서 드라이할 때요. 볼품 없어 보이니까요."

(스텝 ③&스텝 ④)

스타일리스트 "그렇군요. 만약에 Y씨께서 원하시는 볼륨감 있는 스타일을 파마로 만들 수 있다면 어떠세요?"

고객 "파마라……. 사실은 예전에 몇 차례 도전해 본 적이 있는데요. 제 머리카락은 질적으로 파마약이 잘 먹지 않더라고요. 3일 정도 지나면 다 풀려버려서……."

스타일리스트 "그러셨군요. 파마를 해보신건 몇 년 전인가요?"

고객 "언제더라? 한 12, 3년 전 정도? 어머, 벌써 그렇게 오래됐구나(웃음)."

스타일리스트 "12, 3년 정도 전이시군요. Y씨의 머리카락은 큐티클이 생성되어 있는 건강한 머리카락이기 때문에 파마액이 침투하기 어려운 상태이긴 해요."

고객 "맞아요. 예전에도 그렇다고 했어요."

(스텝 ⑤)

스타일리스트 "그런데 그때에 비해 지난 10여 년 간 파마 기술이나 약품은 엄청나게 진화되었거든요. 만약 이번에 Y씨가 파마를 한다면, 예전처럼 파마가 풀리는 문제는 발생하지 않을 거예요."

고객 "오~ 파마 기술이 그렇게 발전했군요."

스타일리스트 "네. 디지털 파마나 에어웨이브 같은 기술을 사용하면 Y씨의 모발도 아름다운 스타일로 완성할 수 있어요. 제 고객들 중에도 Y씨 같은 모발에 가까운 분들이 몇 분 계시는데요. 모두 아무런 문제없이 원하시는 파마 스타일이 나와서 매우 좋아하셨어요."

고객 "정말요? 그렇군요. 아직 희망이 남아 있네요."

스타일리스트 "물론이죠. 나중에 Y씨가 다시 한번 파마에 도전하고 싶어졌을 때, 저에게 상담을 요청해주세요."

고객 "그래요. 저도 긍정적으로 생각해 볼게요(웃음)."

일련의 대화 속에서 어떠한 가치가 생겨났는지 다음 단락에서 설명하겠습니다.

고객이 주저하는 스타일을
완성시키면 매출이 오른다

말보다 행동으로 자신의 의지를 전해라.

'이 카운슬링 사례에 특별한 점이 있나요? 잘 모르겠어요.'라고 생각하는 분들이 있을지도 모릅니다. 애초에 이번 카운슬링의 가장 큰 목적은 매너리즘에 빠지기 쉬운 스타일리스트와 고객의 관계를 리셋하고, 고객 유실의 리스크를 해소하는 것입니다. 이를 위해서 가장 중요한 점은 좀전에 설명했듯이 담당 스타일리스트로서 '당신을 소중하게 생각하고 있다' '관심을 가지고 있다'라는 마음을 고객에게 전달하는 것입니다.

하지만 말로 전달하는 데 한계가 있기 때문에 고객에게 진심을 전달하기 어렵습니다. 그래서 카운슬링의 장면을 이용해 헤어스타일에 관한 불만이나 고민이 없는지 '다시 한번 확인'하는 행위를 통해 '당신을 소중하게 생각하고 있다'라는 의지를 표현합니다.

가령 100명의 고정고객에게 위와 같은 방법을 실시한다고 해서, 모든 고객에게 기대한 만큼의 반응을 얻어 내는 데는 한계가 있습니다. 그럼에도 불구하고 고객의 대다수는 '이 사람, 의외로 나를 생각해주네.'라며 호의적으로 받아들이게 됩니다.

중요한 부분이므로 다시 한번 반복하지만, 고객은 헤어스타일이라는 물리적 모습에 질려서 당신의 미용실을 떠나는 것이 아닙니다. 어디까지나 스타일을 제공하는 스타일리스트가 '자신을 대하는 방식'과 그 방식에서 느껴지는 스타일리스트의 '영혼 없는 고객 응대'에 실망하게 되고, 실망이 임계점에 다다랐을 때 떠나게 되는 것입니다.

사소한 부분이지만 때로는 의도적으로 카운슬링 장면을 만들어, 고객의 생각을 묻고 서로를 이해하는 시간을 가져 고객과의 '관계 재생'을 그려보길 바랍니다.

고객이 포기하고 있던 '동경하는 스타일'을 실현시켜라.

사례에 나온 고객 Y씨는 화려한 분위기의 풍성한 파마스타일을 동경하고 있었습니다. 하지만 파마약이 잘 먹지 않는 모발인데다가 몇 차례 도전해봤지만 잘 되지 않았습니다. 그래서 그 이후로 파마를 포기했습니다.

이처럼 다시 한번 고객의 스타일에 대한 본심을 끄집어내면 '사실은 OO처럼 하고 싶지만, 예전에 실패했던 경험이…….'라든가 '예전에 미용사로부터 당신의 모발은 OO하기 어렵다는 말을 들었어요.'라는 이유로 고객이 어쩔 수 없이 포기하고 있던 '동경하는 헤어스타일'에 대한 이야기를 듣게 됩니다.

이른바 고객이 '봉인해왔던 스타일'로, 사례에 나왔듯이 대부분 10년, 15년 전에는 시술하기 어려웠던 스타일이지만 지금의 미용기술로는 간단하게 실현할 수 있습니다.

Y씨뿐만 아니라 대다수의 고객은 현재의 미용기술이나 약품의 질이 어느 정도로 진화되었는지 모릅니다. '예전에 실패했어' '예전에 미용사가 할 수 없다고 했어'라고 말했던 십여 년 전에 시간이 멈춰있습니다. 그리고 지금도 '자신은 할 수 없는 스타일'이라고 믿고 있습니다.

추측해보면 40대 전후부터 그 이상 연령층의 고객은 이처럼 '고정관념'을 가진 채, 마음에 들지는 않지만 '어쩔 수 없으니까'라며 헤어스타일을 주문했을 확률이 높습니다.

즉, 지금의 스타일은 특별이 좋아하기 때문에 선택한 것이 아니라 타협의 결과에 의한 주문입니다.

스타일리스트는 '항상 하던 스타일로 커트해주세요.'라는 주문을 곧이곧대로 고객의 본심에서 나온 바람이라고 해석해서는 안 됩니다.

인지적 부조화가 일어나면 고객은 파마가 하고 싶어진다.

앞서 소개한 카운슬링의 대화는 제가 지도하는 남성 스타일리스트가 실제로 샵 워크에서 실시한 내용을 있는 그대로 재현한 것입니다. 카운슬링 후 어떻게 되었을까요? 염색약을 바르고 있던 도중에 고객 Y씨는 스타일리스트에게 파마에 대한 자세한 설명을 요구했고, 설명을 납득한 그녀는 가능하면 당장이라도 파마를 하고 싶다고 말했습니다.

그리고 불과 일주일 만에 Y씨는 재방문하여 디지털 파마을 했습니다. 중요했던 스타일도 잘 나와 Y씨는 "이게 나에요? 상상이상인걸요."라며 기쁨을 뛰어넘어 진심으로 감동한 표정을 지었습니다.

훈훈한 결말이 나오긴 했지만 어째서 Y씨는 '당장이라도 파마를 하고 싶어!'라는 기분이 들었고, 이를 곧바로 행동으로 옮기게 되었을까요? 그 이유는 3장에서 설명했던 '인지적 부조화'라는 심리상태가 작용했기 때문입니다.

사례에 대입해서 그 의미를 설명하자면 자신 안에 있었던 '인지 요소(내 모발은 파마를 할 수 없다)'와 새롭게 주어진 '인지요소(지금의 미용기술이라면 가능하다)'가 모순되거나, 다른 상태를 '인지적 부조화'라고 합니다. 사람은 이 상태를 매우 불쾌하게 느끼고, 해소하기 위해 행동합니다.

이 때 자신이 변하기 쉬운 쪽의 '인지요소(파마 하고 싶다)'를 선택하여 조화로운 상태로 되돌아가게 됩니다. 요약하자면 지금까지 '나는 할 수 없다.'하고 포기해왔던 일을 '사실은 할 수 있다.'라고 알게 되었을 때 Y씨는 즉각 행동으로 옮기게 되는 것입니다.

사례와 비슷한 고객이 많으니, 비슷한 카운슬링을 하게 될 때는 위의 사례를 참고하여 다시 한번 고객의 진심을 들을 수 있도록 시도해 보길 바랍니다.

특히 이번 사례처럼 고객이 바라는 스타일을 만들기 위해서는 파마를 해야하는 경우가 많습니다. 업계에서는 오랜 시간 파마고객이 줄어드는 문제를 안고 있습니다. 이처럼 카운슬링을 통해 고객의 요구를 이끌어낼 여지는 많습니다. 바로 실천하여 고객에게는 기쁨을, 미용실에게는 파마고객 확보라는 형태로 메뉴의 비율을 비약적으로 향상시켜 보세요.

인지적 부조화가 일어나면 행동으로 이어지기 쉬운 이유

기존에 가지고 있던 인지요소
(내 모발은 파마하기 어렵다고 생각하는 상태)에서 새로운 인지요소(사실은 파마를 할 수 있다)가 들어오면,

사람은 균형을 잃을 것처럼 불쾌함을 감지한다.
이 상태를 인지적 부조화라고 말한다.

그리고 사람은 이 불쾌함을 해소하고자 하는 욕구가 발생하고,

실제로 행동으로 옮긴다.
이 때 자신이 바꾸기 쉬운 쪽의 '인지요소(파마를 하고 싶다)'를 선택하여

예전의 조화로운 상태로 되돌아간다.

헤어디자이너를 위한
고객과의 대화법

5장

잘 나가는
스타일리스트의
조건을 갖춰라 ②

당신의 'VIP고객'을 늘리기 위한
무기와 사용방법

전체 매출의 80%를 결정하는 20%의 우수고객을 만들어라

'80대 20의 법칙'

4장에서는 안정된 매출을 유지할 수 있는 환경을 만든 상태에서 고객의 절대적인 '수'를 확보하기 위한 사고방식과 방법에 대해서 이야기를 했습니다. 이번 5장에서는 고객의 '질', 즉 매출의 일등공신인 이른바 'VIP고객'을 발굴하여 오랫동안 좋은 관계를 유지할 수 있는 구체적인 방법에 대해서 설명하도록 하겠습니다.

갑작스러운 질문이지만, '80대 20의 법칙'을 아시나요? '전체의 80%를 만들어내는 것은 영향력을 가진 20%다.'라는 의미의 법칙으로 지금으로부터 약 120년 전, 이탈리아의 경제학자 파레토가 '국가의 부 80%는 20%의 부유층에서 모인다.'라는 현상을 발견했다하여 '파레토의 법칙'이라고도 불립니다.

예를 들어 이 법칙을 비즈니스에 적용해보면 '매출의 80%는 전체 종업원의 20%가 만들어낸다' 혹은 '잘 팔리는 상품 상위 20%가 전체 80%의 매출을 벌어들인다'라는 표현으로 말하는 경우가 많습니다.

이 법칙을 헤어샵에 대입해보면 '20%의 우수고객이 헤어샵 80%의 매출을 가져온다.'고 할 수 있습니다. 만약 가능하다면 속는 셈치고 매장의 고객관리시스템에서 각 고객층의 매출구성을 분석해보세요. '20대 80'까지의 수치는 아니더라도, 상위 30% 정도의 '우수고객'이 전체 70%에 가까운 매출을 가져오는 현상이 일어나고 있을 테니까요.

저와 30년 가까이 친밀한 관계를 유지해 온 여성 스타일리스트는 '80대 20의 법칙'을 알게 된 이후에 자신이 담당하던 고객을 모두 교체했습니다. 구체적으로 무엇을 어떻게 했는지 살펴보면 단가 8,000엔 이하, 연간 방문횟수 5회 이하의 모든 고객을 다른 직원에게 인계하고, 그 이상의 고객 한명 한명을 위한 맞춤형 커뮤니케이션을 만들어 갔습니다.

그 결과 기술매출액과 매장제품 판매액을 합쳐 1인당 단가 1만 5,000엔 이상에 연간 방문횟수가 10회를 넘는 이른바 'VIP고객'의

수가 매월 증가하였으며, 그녀 자신의 월간 평균매출도 인계하기 전 대비 20%나 상승했습니다.

이와 같은 사례에서 볼 수 있듯이 성과의 80%를 만들어내는 'VIP고객'을 늘리는 것이 '잘 나가는 스타일리스트'의 필수조건입니다.

미용기술 이외의 가치를 찾아라.

'VIP고객'의 정의는 미용실에 따라 차이가 있습니다. 이곳에서는 방문빈도, 지불금액 등의 영업적 측면만 고려하여 독자적인 아웃라인을 만들고, 이에 해당하는 고객을 만들기 위한 접근방법을 알려드리도록 하겠습니다.

이 책에서 말하는 'VIP고객'은 최소 연간 9회 이상 방문하며, 매번 지불금액이 해당 헤어샵 평균 1인당 고객단가의 약 1.5배 혹은 그 이상의 고객을 말합니다. 또한 매장판매 제품의 총 누계구입액도 상위 5% 이내에 들어갑니다. 일단 이 정도의 소비행동을 보여주는 고객이라고 정의하겠습니다.

그렇다면 어째서? 이 정도의 소비행동을 보여주는 것일까요? 이는 고객이 담당 스타일리스트에게 이 정도의 돈을 지불해도 될 만한 가치가 있다고 생각하기 때문입니다. 즉, 고객이 '가치 있다'고 생각하는 무언가를 담당 스타일리스트가 제공했을 때, 고객은 'VIP고객'에 해당하는 소비행동을 보여주게 됩니다.

1장에서 언급했듯이 대다수의 스타일리스트는 자신들이 고객에게 제공하는 가치는 고객이 원하는 스타일을 만들어주는 미용기술에 있다고 생각합니다. 그래서 고객이 재방문 등의 반응을 보여주지 않으면, 자신이 선보인 기술에 부족함이 있다고 해석하고 반성하게 됩니다.

뛰어난 기술은 방문동기 중 중요한 요소이지만, 스타일리스트가 생각하는 만큼의 절대적인 이유는 아닙니다. 반대로 말하면 아무리 뛰어난 미용기술을 갖고 있다 하더라도 반드시 고객만족을 보장하는 것은 아닙니다.

그렇기 때문에 미용기술 이외에 고객이 '가치 있다'고 인식하는 '무언가'를 파악하고 이를 고객에게 제공할 수 있게 된다면, 신규고객은 물론이고 커트 이외의 메뉴에는 눈길도 주지 않던 깐깐한 고객도 'VIP고객'으로 유도할 가능성이 커지게 됩니다.

고객이 정말로 원하는 것은 '기분전환'

경영 컨설턴트이자 세미나 강사로 전 세계적인 인기와 실력을 자랑하는 제임스 스키너 씨는 자신의 세미나에서 "사람이 상품이나 서비스를 구입하는 행위를 통해 정말로 얻고 싶은 것은, 상품이나 서비스가 아닌 그로 인해 얻어지는 '기분전환'입니다."라고 말했습니다. 제임스 스키너 씨의 말 그대로입니다. 예를 들어 포르쉐와 같은 고급차를 손에 넣고 싶은 동기의 원천은 포르쉐 소유자라는 일종의 우월감이라는 욕구에 있습니다. 즉 사람은 마음을 풍요롭게 만들어주는 물건이나 일에 비용을 지불하며 그 외에는 최대한 억제합니다.

본론으로 돌아가, 고객이 '가치 있다'고 인식하는 '무언가'가 '기분전환'에 달려있다면, 스타일리스트가 앞으로 고객을 대하는 방식의 연구를 통해 제공할 수 있는 가치는 질적으로나 양적으로 크게 달라집니다.

앞서 정의한 'VIP고객'이란 연간 9회 이상 방문, 매장 평균 1인당 단가의 약 1.5배 이상, 또한 매장판매 제품의 총 누계구입액이 상위 5% 이내에 들어갈 정도로 담당 스타일리스트와 미용실에 대해 지출을 아끼지 않는 고객입니다.

다음 페이지부터는 '기분전환을 제공하다'를 키워드로 우수고객을 만들기 위한 첫 걸음부터 신규고객을 한번의 카운슬링으로 10회 분의 예약을 확정짓는 필살기까지 구체적인 방법을 들어 설명하도록 하겠습니다.

단 한번의 고객응대로 신규고객을 우수고객으로 만드는 '비장의 무기'

최고의 기술을 제공했음에도 불구하고 고객을 잃게 되는 이유는?

미용업체 주체의 강연회에 강사로 초청받았을 때의 일입니다. 강연이 끝나고 돌아갈 준비를 하고 있던 중 한 여성 스타일리스트가 심각한 표정으로 저를 찾아왔습니다.

"하시모토 선생님, 한 가지 여쭤보고 싶은 게 있는데요. 지금 시간 괜찮으세요?"

4개월 전에 그녀가 담당했던 신규고객에 대한 질문이었습니다. 결론부터 말하자면, 고객의 발길이 끊어졌는데, 그 이유를 알지 못해 괴로워 하고 있었습니다.

그녀의 말대로라면 그녀는 "어떤 스타일로 해야 할 지 잘 모르겠어요."라고 말하는 고객을 위해 친절한 카운슬링으로 고객에게 잘 어울릴 만한 2가지 이상의 스타일을 제안했습니다. 그 중에서 고객은 쇼트컷의 보브스타일을 선택했고, 자화자찬을 할 정도의 기술레벨로 스타일을 완성했습니다. 고객도 기뻐하고 만족했으며, 미용가운을 벗는 순간까지 만면에 미소가 가득했다고 했습니다.

"이번에는 쇼트 스타일로 하셨기 때문에 다음번 방문일은 반드시 2개월 내에 찾아주세요."라고 권유했고, 고객도 동의했지만 이후 이렇다 할 소식 없이 4개월이 지났습니다.

"그렇게 좋은 반응을 보여주셨던 고객조차 다시 찾아오지 않는다면, 저는 앞으로 어떤 식으로 고객을 대해야 할까요?" 그녀를 비롯한 수많은 스타일리스트가 석연치 않게 고객을 잃는 경험을 여러 번 하게 됩니다.

원인은 무엇일까요? 최선을 다해서 멋진 보브스타일을 완성한 그녀에게는 미안하지만, 고객에게 '다음번에도 무조건 저 사람한테 부탁해야지.'라는 생각이 들 정도의 '강한 인상'을 주지 못했기 때문입니다.

'기술적으로 최고의 결과를 냈고, 고객도 크게 만족했잖아요. 그런데도 인상이 부족하다니, 그렇다면 저희들은 앞으로 어떻게 해야 하나요?'라는 목소리가 들리는 것 같습니다. 미용업계 뿐만 아니라 모든 일에는 부조리가 따라다니기 마련이죠. 그래서 언제나 공부가 필요한 법입니다.

동일한 부조리를 극복하려는 의료현장의 시도

이번 케이스와 비슷한 장면이 일상다반사로 발생하는 곳이 '의료현장'입니다. 의사도 스타일리스트와 마찬가지로 정확한 진단과 치료를 통해 병을 고쳐주었다고 해서 모든 환자가 반드시 만족하는 것은 아닙니다. 자신의 진료행위에 자신감을 잃어버리는 이유가 되기도 하지요. 이와 같은 문제가 의료종사자들 사이에 증가하는 추세입니다.

이러한 의료현장 과제의 해결책으로서 현재 주목받고 있는 것이 '서사중심 의학: Narrative Based Medicine'입니다.

과연 어떤 방법일까요? 미용현장에 적용할 수 있는 부분이 많으므로 자세히 설명하도록 하겠습니다.

지금까지 의료현장에서 의사는 환자를 질환명을 갖고 있는 '대상'으로만 보는 경향이 강했습니다. 즉, 그 사람의 건강을 해하고,

발병에 이르게 한 생활배경, 심리상태 등을 진료의 참고자료로 활용하지 않았습니다.

누구나 한번쯤은 경험해봤을 테지요. 환자는 의사에게 진찰을 받을 때, 증상에 대한 사실만 말하지 않습니다. 예를 들어 '익숙해지지 않는 일에 대한 스트레스 탓인지, 과식을 하게 된 것 같아요.'라든가 '최근에 바빠서 거의 잠을 자지 못했어요.'처럼 증상이 나타나게 된 배경이나 경위를 말합니다.

즉, 환자는 담당의사가 증상의 배경, 경위 등을 충분히 이해한 상태에서 진료에 들어가길 원합니다. 이때 의사가 지금까지의 사고방식을 뒤집어 환자가 말하는 이야기에 조금 더 의식적으로 귀를 기울이고, 환자가 가지고 있는 배경과 더불어 인격적으로 환자를 이해하며 신뢰관계를 쌓아가는 방법을 '서사중심 의학'이라고 합니다.

서사중심 의학의 커뮤니케이션으로 진단부터 치료, 완치에 이르는 전 과정의 만족도를 높이기 위한 시도는 큰 성과를 거두었습니다. 질병이나 상처를 고친 환자는 표면상에 대한 만족도 뿐만 아니라 '자신을 충분히 이해해 주었다' '친절하게 대해 주었다'라는 감정적인 면에서도 높은 만족감을 느꼈습니다.

'서사중심 의학'이라는 컨셉을 미용업계에 반영하면

저는 의료현장에서 실시하고 있는 이 방법이 앞선 사례에 등장했던 신규고객의 '불가결한 고객 유실'을 방지함과 동시에 더욱 커다란 신뢰를 획득하기 위한 중요 수단이 될 것이라고 확신하고, 구체적인 실천방법을 수많은 스타일리스트에게 전달하고 있습니다.

그 결과, 단 한번의 고객응대로 VIP고객을 만드는 관계형성과 이를 기반으로 영업상 성과를 거두었다는 다양한 사례를 보고 받았습니다.

예를 들어 신규고객이 VIP고객처럼 커트에 파마 등 추가 메뉴를 요청하고 샴푸, 트리트먼트 등의 매장판매 제품을 구입한 데다가 2개월 이내에 다음 예약까지 확정짓습니다. 게다가 며칠 후에는 가족이나 친구들에게 소개하는 등 그림과 같은 성과를 올리는 이른바 영업의 왕도를 걷게 되었다는 내용의 에피소드 입니다.

이처럼 단 한번의 고객대응으로 신규고객을 우수고객으로 만드는 스킬을 갖고 있는 스타일리스트가 매장 내에 여러 명 생긴다면 신규모객을 위한 광고의 가성비가 오르게 되고, 총 고객수가 계속해서 증가하는 이상적 구조가 만들어집니다.

이후 제가 지도하는 스타일리스트들에게 신규고객을 맞이할 때

'필수 커뮤니케이션 방법'으로 고객의 감정을 충족시키는 방법을 철저하게 실행하도록 했습니다.

그렇다면 어째서 이렇게 큰 성과를 거둘 수 있었을까요? 그 이유와 구체적인 실천방법에 대해 이야기 하겠습니다.

단 한번의 접객으로 신규고객을 우수고객으로 만드는 '비장의 무기' - 실천편

신규고객이 만족하지 못하는 감정을 이해하는 방법

2장에서도 언급했지만, 신규고객은 다른 미용실에서 놓친 고객입니다. 고객을 놓친 이유는 다른 미용실에서 헤어스타일에 대한 불만이나 고민을 해소하지 못했거나 혹은 원하는 헤어스타일을 완성하지 못했다 등의 기술적인 문제나 물리적인 문제만 갖고 있는 것이 아닙니다. 앞선 의료업계의 예처럼 다른 미용실에서 홀대를 당하거나, 불합리한 대접을 받는 등 감정적으로 '만족하지 못한 상태'에서 찾아오는 고객이 많습니다.

감정적으로 '만족하지 못한 상태'를 해소시킨다면, 신규고객을 단번에 우수고객으로 만들 수 있습니다.

이때 유효한 방법이 앞서 소개했던 '서사중심 의학'과 동일한 방법을 샵 워크에서 응용한 것으로, 실제로 어떤 방법이냐 하면 신규고객에게 우리 미용실을 찾아오게 된 '경위'를 묻는 것, 단지 이것뿐입니다.

방문경위란 고객이 이전에 다니던 미용실에 가지 않기로 결심한 후, 신규고객으로 오늘 우리 매장에 방문하기까지 자신의 헤어스타일 또는 이와 관련하여 '어떤 경험을 했는가?' '어떤 생각을 하고 있는가?' 그리고 수많은 경쟁업체 중에서 '우리 미용실을 특별히 선택하게 된 이유'를 뜻합니다.

'특별한'의 이유를 포함해 '우리 미용실을 첫 방문' 하게 되기까지의 우여곡절이 고객의 '방문 경위'입니다. 그렇다면 대화 사례를 살펴보며 설명을 이어가도록 하겠습니다.

고객이 매장에 방문하게 된 경위를 묻는다.

(카운슬링 종료 후, 시술에 들어가기 전 장면)

스타일리스트 "그런데 N씨. 저희는 인터넷 광고 이외에 이렇다 할 광고를 하지 않는데요. 저희 매장은 어떻게 알게 되셨어요?"

고객 "매일 아침 출근길에 이 앞을 지나가거든요. 1년 정도 전부터 이 앞을 지나갈 때마다 들어와 보고 싶었어요."

스타일리스트 "그러시군요. 감사합니다! 그렇다면 예전에도 이

근처 미용실에 다니신 건가요?"

고객 "네. 지하철역 3번 출구에서 걸어서 5분 정도 거리에 있는 미용실인데요. 친구에게 소개받아서 5년 정도 다녔어요."

스타일리스트 "5년이나요? 그런데 이번에는 어째서 미용실을 바꾸려고 생각하셨어요?"

고객 "푸념처럼 들릴지도 모르겠지만, 직전까지 다니던 미용실 오너가 저와 비슷한 또래의 여성인데요. 나이에 맞는 스타일로 해주는 것까지는 괜찮은데, 어딘가 나이 들어 보이는 느낌의 스타일만 해줘서요. 1년 정도 전부터 스타일을 바꾸고 싶어서 몇 번이나 상담을 요청했는데 제대로 들어주지 않더라고요. '당신은 이 스타일이 가장 잘 어울려요.'라며 결국 언제나 같은 스타일로 밀어붙이기만 하고요."

스타일리스트 "그러셨군요. 힘드셨겠어요."

고객 "그러니까요! 소개해준 친구 얼굴도 있고 해서 참아왔는데, 더 이상은 안 되겠더라고요."

스타일리스트 "그러셨군요."

고객 "처음에 밖에서 봤을 때는 젊은 친구들이 주로 찾는 미용실 같다고 생각했었는데, 의외로 제 나이 또래의 손님들도 많더라고요. 그래서 오늘 한번 와봤어요."

스타일리스트 "잘 오셨어요. 그런 이유들 때문에 오늘 저희 매장을 찾아주셨군요. 감사합니다! 지금까지 말씀하신 부분을 참고해서 '조금이라도 고객님의 기분전환에 도움이 될 수 있도록' 최선을 다해서 모시겠습니다."

고객 "고마워요. (제 기분을) 알아준 다음에 커트에 들어간다니 마음이 편안해지네요(웃음). 잘 부탁해요."

'네? 방문하게 된 경위를 묻기만 해도 고객의 만족을 이끌어 낼 수 있다고요? 무슨 의미인지 잘 모르겠어요.'

대부분의 스타일리스트에게는 그저 평범한 대화로 밖에 들릴지도 모르겠지만, 아마도 1, 2분 정도의 짧은 대화를 통해 고객은 오늘 처음 만난 스타일리스트에 대해 상당히 좋은 인상을 갖기 시작합니다.

그 이유는 고객이 스타일리스트와의 대화를 통해 지난 1년 간 만족하지 못했던 헤어샵의 불만을 '토로' 할 수 있었기 때문입니다.

5년이나 다녔음에도 불구하고 여성 오너가 자신의 의견을 들어주지 않았다는 억울함. 그럴 때마다 느껴왔던 불쾌함. 친구소개라는 '연결고리'를 끊지 못하는 망설임.

짧은 대화로 자신의 경험을 이야기 하는 순간, 당시의 모든 장면과 느꼈던 감정이 머릿속에 떠오르게 됩니다.

쌓이고 쌓인 부정적인 감정을 지워준 사람

누구나 마음속에 쌓아온 '괴로운 기억' '힘든 기억'을 토로하는 순간, 신기할 정도로 기분이 개운해지는 경험을 해본 적이 있을 것입니다. 이 고객의 경우도 마찬가지로 몇 분간의 대화로 방문하기 전보다 기분이 좋아졌습니다.

미용실에서 경험했던 좋지 않았던 기억을 전혀 다른 분야의 사람이 아닌 같은 분야에 있는 사람에게 털어놓고, 공감을 얻었을 때 더욱 기분이 좋아집니다.

예를 들어 택시를 탔는데 서비스 태도가 좋지 않은 운전기사에게 불쾌한 경험했다고 합시다. 그런 일을 한번 경험하고 나면 당분간은 다른 택시 운전기사에 대해서도 어딘가 부정적인 인상을 갖게 됩니다. 그렇다면 부정적인 인상이 사라지게 되는 계기는 언제일까요? 바로 기분 좋은 서비스를 제공하는 택시 운전기사를 만나게 되었을 때입니다.

설욕전이라고 표현하기에는 억지스러운 면이 없지 않지만, 이번 케이스의 고객도 마찬가지입니다. 인간은 기본적으로 타인이나 무언가에게 원망이나 부정적인 감정을 가진 채로는 행복을 느낄 수 없습니다. 그래서 부정적인 감정으로부터 벗어나는 것만으로도 홀가분한 기분이 들게 됩니다.

자신을 기분 좋게 해준 눈앞에 있는 스타일리스트에게 고객은 한순간 호감을 느끼게 됩니다. 그리고 그 사람이 제안하는 것이라면 어느 정도 선에서 긍정적으로 받아들이게 됩니다. 즉, 3장에서 설명했던 문전박대의 원리가 작동하게 됩니다. 문전박대 원리의 스위치를 켜면 '한번의 접객으로 신규고객을 최우수고객으로 만드는 것'은 의외로 간단하게 실현할 수 있습니다.

스위치를 켜는 방법이 바로 고객이 자신의 매장으로 오게 된 경위를 묻는 것에 있습니다. 이렇게 간단한 방법이라면 하지 않을 이유가 없겠지요.

한 번의 카운슬링으로 10번 이상의 예약을 성사시키는 방법

'이상'과 '현실'의 차이가 크면 클수록 제안의 찬스가 넓어진다.

제가 지도하고 있는 스타일리스트 중에는 신규고객, 게다가 사전 카운슬링 단계에서 당일 시술내용과 더불어 이후 최대 10회에 걸친 시술계획을 제안하고, 단번에 해당하는 만큼의 예약을 확정 짓는 사람이 여러 명 있습니다.

이 이야기를 들으면 '그 사람들은 애초부터 대단한 기술을 가진 사람이겠죠.'라고 생각하는 경우가 많습니다. 저를 만나기 전에는 모두 지명매출 100만 엔을 넘지 못해, 고전 중이던 사람들이었습니다. 그들도 이 책에서 말하고 있는 카운슬링 기술의 포인트를 충분히 이해한 다음 고객의 상황에 맞춰 대응할 수 있게 된 결과, '특별한 재주'라고 할 정도의 제안과 고객응대를 할 수 있게 되었습니다.

그렇다면 어떻게 해야 한 번의 카운슬링으로 여러 가지 기술제안을 할 수 있으며, 수개월 후의 예약까지 얻어낼 정도로 고객을 납득시키고 신뢰를 얻을 수 있을까요? 그 열쇠가 되는 요소는 카운슬링을 통해 고객이 자신의 헤어스타일에 대해서 느끼고 있는 '문제점'과 '이상'의 양극을 끄집어 내어, 두 가지 사이에서 생긴 차이를 인식시키는 것입니다. 비결이 무엇인지 설명하도록 하겠습니다.

3장에서도 설명했지만, 카운슬링에서 고객에게 헤어스타일에 대한 불만이나 고민을 물어보면, 고객은 자신의 헤어스타일에서 '만족하지 못하는 현상'을 다시 한번 자각하게 됩니다. 그리고 이 방법을 통해 고객은 '현상'을 개선하고 싶은 욕구가 강해집니다.

일단 고객의 관심을 '만족하지 못하는 현상'으로 못 박은 후, 이번에는 반대로 '지금과 같은 고민을 안고 있지만, 해보고 싶은 헤어스타일이 있으세요?'라며 원하는 이상에 대해 묻습니다.

'이상'과 '현실'의 차이가 크면 클수록 제안의 찬스가 넓어진다.

그림①

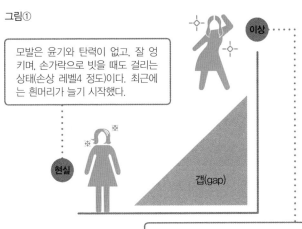

모발은 윤기와 탄력이 없고, 잘 엉키며, 손가락으로 빗을 때도 걸리는 상태(손상 레벨4 정도)이다. 최근에는 흰머리가 늘기 시작했다.

머리카락을 가슴선 정도까지 기른 다음, 턱선부터 커다란 웨이브를 안쪽으로 넣는 파마스타일을 하고 싶다.

그림②

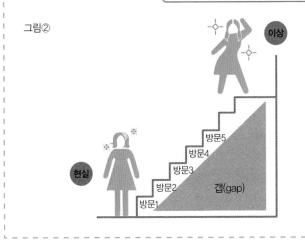

이때 '사실은, 전부터 해보고 싶은 스타일이 있었는데…….'처럼 '하고 싶은 이미지'들이 나오면, 그때 앞 페이지 그림①에서 나타냈듯이 '만족하지 못하는 상황'과 '이상'의 갭(gap)이 드러나게 됩니다.

한번의 카운슬링으로 복수의 시술계획을 제안하는 것은 그림②처럼 갭(gap)에 계단을 설치해 고객이 '만족하지 못하는 현상'이라는 현지점에서 출발하여 '이상'이라는 골에 도착하게 만드는 것입니다.

그래서 갭(gap)의 크기에 따라 필요한 단계를 계산하면, 제안하는 시술내용이나 방문횟수도 달라집니다.

모델을 설정하여 제안 시뮬레이션 하기

이해를 돕기 위해 한 명의 고객을 모델로 두고, 이 고객이 느끼고 있는 문제점, 원하는 이상의 내용을 바탕으로 어떠한 제안이 가능한지 시뮬레이션 해봅시다.

〈K씨(36세), 회사원, 독신〉

현재 머리카락의 기장은 어깨에 살짝 닿는 정도의 스트레이트 스타일.

우선 고객 K씨의 '문제점'은 머리카락이 부스스해지는 곱슬머리인 탓에 5개월에 한 번씩 정기적으로 스트레이트 파마를 한다. 또한 모발은 윤기와 탄력이 없고, 잘 엉키며, 손가락으로 빗을 때도 걸리는 상태(손상 레벨4 정도). 최근에는 흰머리가 늘기 시작했다.

한편 K씨의 '이상'은 머리카락을 가슴선까지 기른 다음, 턱선부터 머리끝까지 굵은 웨이브를 안쪽으로 넣는 파마스타일이다.

그렇다면 K씨의 헤어스타일에 관한 각각의 '문제점'과 '이상'의 차이를 검증해 봅시다. 우선 머리카락의 기장에 대해서 살펴보면, 현재 어깨선 정도의 기장입니다. 목표는 가슴선까지 기르는 것이기 때문에 머리카락을 기르는 데 약 1년 정도의 시간이 소요됩니다. K씨는 곱슬머리 대책으로 정기적인 스트레이트 파마가 반드시 필요합니다. 게다가 현재 레벨4 정도의 손상상태를 볼 때 1년의 '기르는 기간' 동안 모발상태를 어떻게 개선할 것인지에 따라 원하는 파마 스타일의 완성이 크게 달라질 수 있습니다.

그렇기 때문에 우선 K씨에게 개선의 중요성을 이야기한 후, 구체적인 계획을 제시합니다.

리스크를 상정하여, 해결책을 준비해두면 제안의 설득력이 강해진다.

그렇다면 '모발상태 개선'을 테마로 앞으로 1년간 K씨의 '스케줄과 시술내용'을 생각해 봅시다.

만약 제가 담당 스타일리스트라면, 다음과 같은 내용을 제안하고 고객의 의견을 묻는 것이 적절하다고 생각합니다. 우선 모발 개선에 대해서는 한 달에서 한 달 반 간격으로 기장 다듬기와 트리트먼트를 위해 매장에 방문할 것. 또한 집에서 할 수 있는 홈케어용 트리트먼트와 샴푸를 사용할 것. 이것을 최소한의 조건으로 K씨에게 설명합니다.

또한 기장을 기르는 기간에는 본인이 생각하는 이상의 인내심이 필요합니다. 어깨에 닿는 기장이 되면 머리끝이 뻗쳐 신경이 쓰이기 시작합니다. 이 기간에 특유의 매너리즘을 참지 못해 결국 충동적으로 예전 길이로 머리카락을 자르게 되어 원하는 길이까지 기르지 못하는 고객이 많습니다.

이처럼 머리카락을 기르는 과정에서 발생할 문제를 다시 한번 설명하고, 이러한 문제를 극복하기 위한 구체적인 방법도 기술계획에 포함시켜 제안 전체의 설득력을 높여야 합니다.

예를 들어 머리끝은 디지털 파마로 뻗침을 방지하고, 스타일링하기 쉬운 상태로 만듭니다. 또한 매너리즘에 대해서는 기존의 컬러에 위빙 염색을 더해, 스타일의 변화를 즐기면서 1년의 '기르는 기간'을 보내도록 합니다. 이러한 배려를 포함한 계획을 성심성의껏 고객에게 전달하면 한 달에 한 번 주기로 방문이 필요하다는 점과 매장에서 판매하는 홈케어용 제품 사용이 필요하다는 점을 충분히 납득하게 됩니다.

참고로 사례에 나온 모델 K씨는 실제 고객입니다. 제가 지도하는 스타일리스트가 앞선 시뮬레이션처럼 제안한 결과, 신규고객이었던 K씨는 1년간 총 12번에 걸친 '방문 스케줄과 시술내용'의 제안을 승낙하고 12회분의 예약에 동의했습니다.

그렇다면 실제로 어떻게 가능했을 수 있을까요? 카운슬링으로 대화장면을 재현해 보겠습니다.

한 번의 카운슬링으로 10번 이상의 예약을 성사시키는 방법 - 실천편

우선 고민을 이끌어내 고객에게 '이상'을 실감시킨다.

스타일리스트 "K씨, 오늘은 스트레이트 파마를 하러 오셨다고 들었습니다."

고객 "네. 곱슬머리 때문에 머리가 부스스해지거든요."

스타일리스트 "알겠습니다. 그렇다면 먼저 확인할 부분이 있는데요. 지금 스타일에서 부스스해지는 것 외에도 특별히 신경 쓰이는 부분이 있으세요?"

고객 "음……. 부스스해지는 게 가장 싫고요. 그 외에는 조금만 길러도 옆머리 주변이 뜨는거요. 머리끝도 푸석푸석해서 손질이 어려워요. 또 최근에는 흰머리가 많아져서 그 부분도 신경이 쓰이네요."

스타일리스트 "그러시군요. 제일 싫은 점은 부스스해지는 것이지만, 옆머리와 머리끝이 푸석한 것과 흰머리가 신경 쓰이기 시작하셨군요. 특별히 언제 가장 신경이 쓰이세요?"

고객 "부스스해지는 건 아침이요. 특히 비오는 날에는 상태가 심각해요. 그리고 꼬불꼬불한 부분은 땀을 흘릴 때 특별히 더……. 그래서 요즘 같은 장마철에는 매일매일 우울해져요."

스타일리스트 "정말 싫으시겠어요. 사실은 저도 앞머리가 곱슬머리여서 요즘 같은 시기에 심해진다는 것을 잘 알거든요. 그리고 기장에 대해서는 어떻게 생각하세요?"

고객 "기장이요? 지금은 기르고 있는 중이어서 가능하면 기장은 유지해 주셨으면 좋겠어요."

스타일리스트 "지금 기르고 계신 중이세요? 참고로 어느 정도까지 기르실 생각이세요? 기른 다음에 하고 싶은 스타일이 있으세요?"

고객 "네. 일단 가슴선 정도까지 기른 다음에 중간부터 머리끝까지 안쪽으로 웨이브를 넣은 파마 스타일을 하고 싶어서요."

스타일리스트 "좋은 생각이네요. 아주 멋진 스타일이에요! K씨에게 무척 잘 어울릴 것 같아요. 이왕이면 함께 멋진 스타일을 찾아볼까요?" (스타일 잡지를 열고, 함께 찾는다.)

미래의 이미지를 고객과 공유하고, 고객의 기분을 좋게 만든다.

스타일리스트 "아, 이런 분위기의 부드럽고 품위 있는 웨이브 컬이 K씨에게 잘 어울릴 것 같은데요. 어떻게 생각하세요?"

고객 "우와, 이 스타일 마음에 들어요! 그런데 저도 이런 스타일의 느낌이 나올까요?"

스타일리스트 "물론이죠. 예를 들어 이런 느낌의 파마 스타일이 잘 나오려면 앞으로 어떻게 해야 하는지 설명해 드릴까요?"

고객 "네! 설명해 주세요."

스타일리스트 "지금 길이에서 가슴선까지 기르는 데는 약 1년 정도의 시간이 필요해요. 기르는 동안에 머릿결을 윤기 나게 만들면서 기르는 건 어떠세요?"

고객 "그렇군요. 어떻게 해야 해요?"

스타일리스트 "예를 들어 스트레이트 파마는요. 곱슬이 강한 뿌리부분에만 파마를 하고, 전체에 트리트먼트로 보수하는 방법이 있어요. 이렇게 하면 부스스해지는 것과 머리카락 끝의 푸석푸석한 느낌도 해소할 수 있고, 전체의 상태를 확실히 좋게 만들 수 있어요."

고객 "정말요? 스트레이트 파마를 뿌리부분에만 해도 된다고요?

그리고 트리트먼트로 부스스함도 잡을 수 있어요?"

스타일리스트 "뿌리부분 파마가 걱정되시는군요."

고객 "네. 항상 파마는 헤어 전체에 했었기 때문에 무조건 전체에 해야 한다고 생각했거든요."

스타일리스트 "그렇군요. 그렇게 생각할 수도 있겠네요. 그런데 K씨의 헤어는 곱슬이 강한 뿌리부분만 파마가 필요해요. 부스스한 이유는 곱슬머리 탓이 아니라 손상과 건조함이 원인이에요. 그래서 무엇보다 중요한 부분은 영양으로 헤어를 회복시키는 것이에요. 그렇게 하면 부스스함도 푸석함도 없어질 거예요."

고객 "그랬군요! 전혀 몰랐던 부분이에요."

스타일리스트 "다만 지금 손상된 상태를 회복시키기 위해서는 집중치료가 필요해요. 집에서 사용하는 샴푸와 트린트먼트도 전용제품을 사용할 것을 권해드려요."

고객 "그렇겠네요. 이번 기회에 사용하는 편이 좋겠어요."

리스크와 리스크 해결책을 포함한 리얼한 연간계획을 제안한다.

스타일리스트 "그리고 실제로 가슴선까지 기르는 1년이 의외로 쉽지 않을 거예요. 예를 들어 머리카락이 어깨에 닿게 되면 머리끝이 뻗치기 시작해서 신경이 쓰이기도 하고, 매너리즘에 빠져 참지 못하다가 결국 충동적으로 자르게 되거든요. 그런 일이 일어나지 않도록 어떤 타이밍에 무엇을 해야 하는지 계획을 세우는 것이 중요해요."

고객 "계획이요?"

스타일리스트 "네, 계획이요. 최근에 흰머리가 신경 쓰이기 시작하셨기 때문에 염색은 매회 리터치 염색과 두 번에 한 번꼴로 전체 염색을 진행하는 것을 기본으로 한 번씩 하이라이트를 넣거나, 디자인에 변형을 주는 거예요. 이런 방법을 활용해 매너리즘을 제거해 즐기면서 머리카락을 기를 수 있어요."

고객 "우와, 듣기만 해도 즐거운 기분이 드네요(웃음)."

스타일리스트 "그렇죠? 그리고 3, 4개월 후에 기장이 어깨선에 닿으면 머리카락이 뻗치기 시작하거든요. 그때는 끝부분에만 디지털 파마를 해서 스타일링 하기 쉬운 상태로 만들면, 기르고 있는 기간 특유의 괴로움도 느끼지 못하게 될 거에요."

고객 "그렇군요. 더욱 기르고 싶다는 기분이 강해졌어요. 이번에는 정말로 열심히 길러봐야겠어요."

스타일리스트 "네. 저도 옆에서 확실하게 서포트 하겠습니다. 함께 열심히 해봐요. 그럼 앞으로 1년 스케줄을 한 장으로 정리해 드려도 될까요?"

고객 "네. 부탁드릴게요."

카운슬링 결과, 제안했던 시술계획과 1년 스케줄이 다음 페이지 내용입니다.

한 번의 카운슬링으로 여러 번의 시술계획을 제시하고 예약을 성사시켰습니다.

이 제안을 성공시키기 위한 비결은 고객이 그리고 있던 이상의 스타일에 대한 미래의 모습을 함께 상상하고, 기대감을 심어주는 것입니다. 이 순간 고객의 기분은 최고조에 다다르게 됩니다.

이 타이밍에서 이번에는 현실이라는 시작점으로 되돌아가, 시작점에서 다시 한번 결승점을 향해 구체적인 방법인 시술계획과 스케줄을 제안합니다.

이렇게 좋은 기분에서 자신의 이상을 이루어 주는 제안을 거부할 수 있을까요? 이 방법이 잘 통하는 이유이기도 합니다.

K씨의 이상적인 헤어스타일을 실현하기 위한 시술계획

시작

1회 차 : 6월 10일
트리트먼트, 다듬기, 염색, 뿌리부분 스트레이트 파마

2회 차 : 7월 10~15일
트리트먼트, 다듬기

3회 차 : 8월 10~15일
트리트먼트, 다듬기, 염색

4회 차 : 9월 10~15일
트리트먼트, 다듬기, 어깨선에 닿는 머리카락의 뻗친 머리 대책으로 디지털 파마

5회 차 : 10월 10~15일
트리트먼트, 다듬기, 염색, 뿌리부분 스트레이트 파마

6회 차 : 11월 10~15일
트리트먼트, 다듬기

7회 차 : 12월 10~15일
트리트먼트, 다듬기, 염색(하이라이트 혹은 로우라이트로 변화주기)

8회 차 : 1월 10~15일
트리트먼트, 다듬기

9회 차 : 2월 10~15일
트리트먼트, 다듬기, 염색

10회 차 : 3월 10~15일
트리트먼트, 다듬기, 염색, 뿌리부분 스트레이트 파마

11회 차 : 4월 10~15일
트리트먼트, 다듬기

결승점

12회 차 : 5월 10~15일
트리트먼트, 다듬기, 염색, 뿌리부분 스트레이트 파마

※ 모발상태를 좋게 만들기 위해서 매장방문 시술과 함께 홈케어가 필요하다.
K씨의 모발에 맞는 홈케어용 샴푸 · 트리트먼트를 제안한다.
1년에 걸쳐 이용하기를 권유한다.

'매장판매 제품은 물건이 아닌 해결책' 이러한 사고전환으로 매출 3배 신장

나는 미용사다. 그렇기 때문에 제품을 팔고 싶지 않다.

"저는 매장제품 판매가 서툴러요."라고 말하는 스타일리스트들이 공통적으로 안고 있는 과제가 있습니다. 매장판매 제품을 단순한 '물건'으로 생각한다는 점입니다. 그런 탓에 '나는 미용사이지 장사꾼이 아니다.'라는 의식이 마음속에 있습니다.

미용사가 크리에이티브한 직업이기 때문에 어쩔 수 없는 일일지도 모릅니다. 하지만 디자인 이외에 고객의 머릿결 상태를 좋게 만드는 것도 미용사 본래의 중요한 역할입니다. 특별히 상한 머릿결의 회복이나 두피개선의 목적으로 매장에서 판매하는 샴푸나 트리트먼트는 '물건'이 아닌, 기술메뉴의 트리트먼트나 헤드스파와 동일한 '해결책'입니다.

제가 지도하는 스타일리스트는 이러한 사고를 이해하고 방식을 바꾸자마자, 3배 이상 매출이 상승한 사람들도 많습니다. 그 중에서도 우수한 사람은 사전 카운슬링 단계에서 매장판매 제품을 제안하고 판매로 이어갑니다.

예를 들어 고객으로부터 '머릿결 손상이 신경 쓰인다'라든가 '푸석푸석해서 손질이 어렵다' 등의 고민을 들었을 때, 이 사람들은 다음과 같은 질문을 합니다.

'참고로 현재 어떤 상품을 사용하고 계시나요?'

모발상태에 문제를 안고 있는 고객의 대부분은 석유계의 계면활성제를 포함한 청결력이 높은 시판 샴푸를 사용하는 경우가 많습니다. 머릿결 트러블의 가장 큰 '원인'이 시판용 제품에 있다는 점을 설명하고, 트리트먼트 등의 보조시술과 동일한 해결책으로써 매일 사용해야 하는 샴푸를 매장에서 판매하고 있는 아미노산계 제품으로 교체하기를 제안합니다.

30대 후반부터 그 이상 연령대의 고객은 매일 사용하고 있는 샴푸의 품질에 따라 머릿결이나 두피의 '노화상태'가 크게 바뀝니다. 매출을 올리는 것뿐만 아니라 고객의 '머릿결의 아름다움과 건강'을 유지하도록 도와야 하는 미용사 본래의 역할을 다하기 위해서라도 '매장판매 제품은 물건이 아니라, 효과적인 해결책이다.'라고 인식하길 바랍니다.

'매장판매 제품 재구매자'를 늘리면, 매출은 반드시 늘어난다.

한 가지 더, 매장판매 제품 매출이 높은 스타일리스트와 부진으로 고민하는 스타일리스트의 커다란 차이를 찾아보면, 제품을 구매한 고객을 '재구매자'로 만들 수 있는가라는 점에 달려있습니다.

매월 일정한 수준의 높은 매출을 유지하는 스타일리스트는 공통적으로 '매장판매 제품 재구매자'를 유치하고 있습니다. 이와는 반대로 부진으로 고민하는 스타일리스트는 모처럼 제품을 구매했음에도 불구하고, 구매를 한번으로 끝내며 재구매로 이어가지 못합니다. 이 차이는 어디에서 생겨나는 것일까요?

이렇게 되는 이유는 부진으로 고민하는 스타일리스트가 고객이 '계속해서 그 상품을 사용하게 만드는 노력'을 하지 않기 때문입니다. 정확하게 말하면 노력하지 않는 것이 아니라 스타일리스트의 방식이 '미묘하게 서툴기' 때문에 재구매의 찬스를 놓치게 됩니다.

예를 들어 한 명의 고객이 지난번에 방문하여, "머릿결에 윤기와 탄력이 있었으면 좋겠어요."라는 바람을 말했을 때, 전용 샴푸를 사용할 것을 추천했고 고객은 제품을 구매했습니다. 이로부터 2개월 후 고객이 다시 방문했습니다. 이때 판매제품 매출부진으로 고민하는 스타일리스트의 대다수는 어떤 식으로 말할까요? 아마도 거의 모든 사람들이 다음과 같은 말을 합니다.

"지난번에 구매하신 ○○샴푸를 사용해 보니까 어떠셨어요?"

'이 말에 어떤 점이 잘못된 건가요? 적절한 질문 아닌가요?'라고 생각하겠지만, 사실 이러한 '질문'에는 다음과 같은 문제가 잠재되어 있습니다.

'확대질문'과 '특정질문'의 차이에서 발생하는 명암

이 '질문'의 어떤 부분이 구체적으로 잘못되었을까요? 바로 '어떠셨어요?'라는 말에 있습니다. 대답의 범위가 너무 넓은 질문(확대질문)이기 때문입니다.

'어떠셨어요?'라는 질문에 가령 '응, 그러니까…… 아직은 잘 모르겠어요.' 등의 대답을 했다고 가정했을 때, 당신은 적절하게 대화를 이끌어갈 수 있을까요? 이와 같은 장면이 만들어졌을 때 대다수의 스타일리스트는 사실상 재구매의 찬스를 잃게 됩니다.

매우 중요한 부분이기 때문에 다시 한번 설명하자면 '고객은 미용분야의 비전문가'입니다. 비전문가인 고객이 머릿결에 좋은 성분이 포함되어 있는 샴푸를 사용했다고 해서, 짧은 기간 안에 효과를 정말로 실감했는지는 알 수 없습니다.

또한 사용 후에 스스로 머릿결의 촉감이 좋아졌다는 사실을 느끼더라도 사람은 원래 타인의 의견이나 평가를 참고하여 자신의 행동이나 선택이 제대로 된 것인지 판단합니다. 그렇기 때문에 예전의 선택이 잘못되지 않았다는 실감을 느끼게 하기 위한 대화의 요령이 절대적으로 필요합니다.

이때 필요한 방법이 무엇일까요? 제가 직접 지도하고 있는 스타일리스트들은 다음과 같은 방법으로 매장판매 제품의 재구매를 유도할 수 있도록 조언하고 있습니다.

우선 사용여부를 확인합니다. 즉, '특정질문'으로 상대가 '예, 아니오'로 대답할 수 있는 질문입니다.

스타일리스트 "A씨, 지난번 방문 때 구매하신 샴푸 사용해 보셨어요?"

고객 "네. 그때부터 계속 사용하고 있어요."

스타일리스트 "좋네요. 확실히 이전과는 다르게 머릿결에 윤기가 나기 시작했네요."

고객 "정말요? 달라졌어요? 저는 아직 잘 모르겠는데……."

스타일리스트 "아직 사용하신 기간이 짧아서 실감하시기 어려울지 모르겠지만, 만져봤을 때 느낌이 확실히 달라요."

이처럼 좁은 범위 내에서 확실한 효과가 나타났다는 의미의 코멘트를 합니다.

거듭 주의해서 말하지만, 지난번 방문에서 매장판매 제품을 구입한 고객의 판단은 '정확'했다는 실감을 느끼게 해주어야 합니다. 재구매로 유도하기 위한 첫 번째 조건입니다.

그리고 '이 상태로 더욱 아름답게 관리해보죠!'라며 고객을 격려해 주세요. 이처럼 열의를 가지고 재구매를 권유하면 '매장제품 사용자'는 확실하게 증가합니다.

헤어디자이너를 위한
고객과의 대화법

6장

새로운 시대,
성공하는
스타일리스트의
업무기술

새로운 시대의 히어로&히로인은?

미용사라는 직업에 대한 셀프 이미지에 따라 현실은 크게 변한다.

"하시모토 선생님, 저는 선생님 덕분에 이번 달(12월) 총매출 300만 엔을 넘길 수 있었습니다(웃음)."

방문강연에서 만나 어느덧 5년이라는 시간을 함께 해온 E사의 여성 스타일리스트 M씨로부터 기분 좋은 소식을 듣게 된 것은 작년 마지막 날 아침이었습니다. 제가 강연을 시작했을 무렵에 스타일리스트로 데뷔한 M씨는 지난 5년 동안 착실하게 성장을 거듭했고, 마침내 월간 총매출 300만 엔대를 넘겼다는 그녀의 소식은 저에게도 아주 귀중한 성공체험의 한 사례가 되었습니다.

이번에 소개하는 M씨도 앞으로 설명할 사람들 중의 한 명으로서, 저는 자신의 일을 통해 성수기 월매출 300만 엔대를 만들어내는 이른바 '잘 나가는 스타일리스트'들이 일에 임하는 자세를 통해 많은 것을 배울 수 있었습니다.

수많은 지명고객으로부터 사랑을 받으며, 언제나 높은 실적을 올리는 스타일리스트에게서 공통적으로 나타나는 특징은 평균 이상의 높은 셀프 이미지(자화상)를 가지고 있다는 점입니다.

셀프 이미지라는 말을 잘 모르는 분들에게 셀프 이미지의 의미와 중요성을 이해시키기 위해 다음과 같은 설명을 덧붙이도록 하겠습니다.

예를 들어 사람들로부터 '당신의 직업은 무엇입니까?'라는 질문을 받았을 때, 대다수는 사람은 '제 직업은 미용사입니다.'라고 대답합니다. 물론 사실에 입각한 정확한 답변입니다.

하지만 방금 전 소개한 M씨와 같은 우수한 결과를 내는 '잘 나가는 스타일리스트'들은 굳이 입 밖으로 꺼내지 않더라도 의식 깊은 곳에서 다음과 같은 대답을 합니다. '저는 미용으로 고객을 행복하게 만들어 주는 일을 합니다.'라고 말이죠.

어떤 차이점이 있는지 알아봅시다. 1장에서도 동일한 의미의 이야기를 했었는데, '제 직업은 미용사입니다.'라고 하는 사람은 눈앞에 보이는 고객의 '헤어스타일을 어떻게 만들 것인가?'를 일의 목적으로 돕니다.

한편 '저는 미용으로······'라고 대답하는 잘 나가는 스타일리스트는 먼저 고객의 기분, 직업, 사생활을 포함해 조금이라도 일상생활의 만족도를 높일 수 있도록 '미용을 통해 내가 무엇을 할 수 있는가?'라는 점을 최우선으로 합니다.

즉, '고객의 만족'을 실현시키는 것이 일의 목적이며, '헤어스타일을 어떻게 완성할 것인가?'는 이를 위한 수단이라고 생각합니다. 이처럼 일의 '목적과 수단'에 따라 결과가 어떻게 달라질까요?

한 가지 카운슬링 사례를 통해 설명하도록 하겠습니다.

'미용을 통해 고객을 행복하게 만든다.'고 말하는 사람이 주시하는 것

남성 스타일리스트 F씨의 카운슬링 사례

〈고객 Y씨, 29세, 보육교사, 지정 스타일리스트 없음, 세 번째 방문〉

스타일리스트 "Y씨, 방문해 주셔서 감사합니다. 오늘 담당을 맡게 된 F입니다. 잘 부탁드리겠습니다."

고객 "네, 저도 잘 부탁드려요."

스타일리스트 "오늘은 커트하러 오셨다고 들었는데요. 그전에 확인하고 싶은 부분이 있는데요. 지금 스타일에서 불편한 점이라든지 신경 쓰이는 부분이 있으면 알려주시겠어요?"

고객 "음, 머리숱이 많은 편이기 때문에 머리숱 정리를 해주셨으면 좋겠어요. 그리고 길이는 바꾸고 싶지 않으니까 현재 기장에서 끝부분만 다듬어 주세요."

스타일리스트 "머리숱 정리하고, 끝부분만 다듬어 드리면 될까요?"

고객 "네. 그리고 스타일링할 때 손질이 어렵더라고요. 간편하게 관리할 수 있게 해주셨으면 좋겠어요."

스타일리스트 "손질하기 어려우세요?"

고객 "네. 항상 손질하는 데 시간이 너무 오래 걸려서……."

스타일리스트 "손질하기 어렵거나 가장 불편하게 느껴질 때는 언제이세요?"

고객 "불편할 때요? 아침이죠. 출근하기 전이요. 아침에 불편하기도 하지만 보육교사 일을 하는 중에도 계속 움직이는 탓에 그냥 묶고 있는 경우가 많아요."

스타일리스트 "엄청 힘드시겠어요. 참고로 쉬는 날에는 주로 어떤 헤어스타일을 하세요?"

고객 "쉬는 날에도 귀찮아서 묶은 채로 있어요."

스타일리스트 "그렇군요. 쉬는 날에도……."

고객 "네. 뻗치는 게 싫어서 묶고 있는 편이에요."

스타일리스트 "그렇군요. 방금 전에 길이는 바꾸고 싶지 않다고 하셨는데, 나중에 하고 싶은 스타일이라도 있으세요?"

고객 "음……. 가슴선 정도까지 길러서 자연스럽고 부드러운 긴 머리를 하고 싶어서요."

스타일리스트 "네. 자연스럽고 부드러운 긴 머리요, 잘 어울리실 것 같아요(웃음)."

고객 "네. 그런 스타일을 해보고 싶어서……."

스타일리스트 "그러시군요. 그런데 Y씨가 하고 싶은 스타일의 길이까지 기르는 데는 상당한 시간이 필요해요(현재 길이 쇄골 아래). 아마 1년 정도 걸릴 거예요. 그때까지 계속 지금과 같은 상태로 있는 건 싫지 않으세요?"

고객 "네? 당연히 싫지요(웃음)."

스타일리스트 "쉬는 날에도 항상 묶고 있는 것보다, 멋진 스타일로 연출해 보고 싶지는 않으세요?"

고객 "네! 그러고 싶어요(웃음)."

스타일리스트 "그렇죠? 참고사항으로 들어주셨으면 좋겠는데요. 지금 길이를 유지한 채, 뻗침머리를 해소하고, 손질하기도 쉬운 멋진 스타일을 디지털 파마로 연출할 수 있는데요. 어떻게 생각하세요?"

고객 "정말요? 실제로 어떤 스타일이에요? 참고할 만한 사진 같은 건 없나요?"

스타일리스트 "네. 있어요. 그러니까(스타일 잡지를 넘기며) 아, 제가 Y씨에게서 생각하는 이미지는 이런 분위기의 스타일이에요."

고객 "오~ 이런 스타일이군요."

스타일리스트 "어때요?"

고객 "괜찮네요(웃음). 이런 느낌의 스타일이라면요."

스타일리스트 "마음에 드신다니 다행이네요. 그렇다면 실제로 이 스타일을 완성하기 위해서는 어떤 방식으로 어떤 약품을 사용하는지 설명해 드릴까요?"

고객 "네. 설명해주세요."

스타일리스트 F씨는 최초의 커트만 주문했던 고객에게 디지털 파마를 제안했습니다. 실제로 어떤 결과가 나왔는지 살펴보면, F씨의 제안을 Y씨가 흔쾌히 받아들였습니다.

앞으로의 10년, 성공하는
스타일리스트의 업무기술 사례①

잘 나가는 스타일리스트는 모두 참견쟁이

이 사례를 제공해 준 스타일리스트 F씨의 방법에서 배워야 하는 포인트는 무엇일까요?

우선은 대화 속 이 장면을 주목해 주세요.

스타일리스트 "손질하기 어렵거나 가장 불편하게 느껴질 때는 언제인가요?"

고객 "불편할 때요? 아침이죠. 출근하기 전이요. 아침에 불편하기도 하지만 보육교사 일을 하는 중에도 계속 움직이는 탓에 그냥 묶고 있는 경우가 많아요."

스타일리스트 "엄청 힘드시겠어요. 참고로 쉬는 날에는 주로 어떤 헤어스타일을 하세요?"

셀프 이미지에 따라 결과는 크게 바뀐다.

'제 직업은 미용사입니다.'라는 셀프 이미지를 가진 사람은 고객의 헤어스타일을 어떻게 할 것인가만 생각한다.

'저는 미용으로 고객을 행복하게 만들어 주는 일을 합니다.'라는 셀프 이미지를 가진 사람은 고객이 만족스러운 일상생활을 보내기 위해 어떤 헤어스타일을 제안해야 할 것인지 생각한다.

고객 "쉬는 날에도 귀찮아서 묶은 채로 있어요."

스타일리스트 "그렇군요. 쉬는 날에도……."

Y씨는 보육교사라는 직업상 근무시간에는 줄곧 머리를 묶고 있으며, 게다가 쉬는 날에도 항상 묶고 있다고 말했습니다. 만약 당신이 Y씨의 담당 스타일리스트라고 한다면 무엇이 느껴지나요?

"쉬는 날에도 귀찮아서 묶은 채로 있어요."라는 말은 어떤 휴일을 보낸다는 것을 의미할까요?

어쩌면 고객 Y씨는 쉬는 날도 집안에서만 보내는 경우가 많지 않을까요? 즉, 최근에는 자신만의 시간도 무의미하게 보내고 있을 가능성이 있습니다. 지나친 억측일지도 모르지만, 절대 아니라고도 할 수 없습니다.

정신적으로 힘들거나 부정적인 상황이 아니더라도, 업무량이 많다보면 누구나 쉬는 날에는 늘어지게 늦잠을 자기도 합니다.

천천히 일어나서 밥을 먹고, 밀려 있는 빨래나 청소를 하다보면 어느새 저녁시간이 됩니다. 모처럼의 휴일이 허무하게 끝나버리지요.

특히 싱글인 데다가 직장에서 어느 정도의 책임을 맡고 있는 사람은 이러한 상태가 되기 쉽습니다.

고객 Y씨가 이런 휴일을 보낼지는 잘 모르겠지만 어쨌든 스타일리스트 F씨는 자기 멋대로 생각했습니다. '모처럼의 휴일이니까 멋지게 스타일링을 한 다음에 외출을 해보자!'라는 기분이 드는 헤어 스타일을 만들어주고 싶다고 말이죠. 생각해 보면 매우 '쓸데없는 참견'입니다.

그런데 이러한 '쓸데없는 참견'이 '저는 미용으로 고객을 행복하게 만들어 주는 일을 합니다.'라는 셀프 이미지를 가진 '잘 나가는 스타일리스트'의 사고회로입니다. 즉, 목적은 '고객의 만족'이며 그 목적을 이루는 수단이 디지털 파마라고 생각했기 때문에 어떤 망설임이나 주저 없이 고객에게 제안할 수 있었습니다. 그렇게 하다 보면 자연스럽게 매출이 오르게 됩니다.

반대로 만약 스타일리스트 F씨가 6장에서 말하는 '제 직업은 미용사입니다.' 즉 '헤어스타일을 어떻게 만들 것인가?'를 일의 목적으로 둔 스타일리스트였다면 결과는 어떻게 바뀌었을까요?

"머리숱이 많은 편이기 때문에 머리숱 정리를 해주셨으면 좋겠어요. 그리고 길이는 바꾸고 싶지 않으니까 현재 기장에서 머리끝만 다듬어 주세요."라는 말을 액면 그대로 받아들여 커트시술만 하고 끝이 났겠지요.

일의 목적을 어디에 두냐에 따라 고객에 대한 이해도가 바뀐다.

물론 무난한 대응을 했다고 해서 문제가 생기는 것은 아닙니다. 하지만 미용사로서 미용기술만 가지고 '고객의 만족'을 실현시키는 스타일리스트의 수는 F씨와 같은 잘 나가는 스타일리스트의 수와 비교해보면 매우 드물답니다. 바로 여기에서 매출액의 차이가 나타납니다.

이 사례를 제공해준 F씨는 저에게 이렇게 말했습니다.

"Y씨라는 고객은 매우 멋진 분이셨습니다. 일이 힘들다고는 하지만 모처럼의 휴일을 무의미하게 보낸다고 생각하니 안타까운 마음이 들었습니다.

조금이라도 기분전환에 도움이 되고, 외출하고 싶은 기분이 샘솟게 만들어 주어야겠다고 생각했습니다. 결국 귀여운 파마 스타일 제안이 받아들여졌고, Y씨도 무척이나 마음에 들어하셨어요. 과감하게 제안하길 잘했다는 생각이 들었습니다."

다소 과장된 표현일지도 모르겠지만, '스타일리스트라는 직업은 이러한 방식을 통해 수많은 사람들의 일상을 긍정적인 방향으로 바꿔갈 수 있지 않을까?'라고 생각합니다. 무한한 가능성을 가지고 있는 직업이라는 것을 F씨의 말을 듣고 다시 한번 깨닫게 되었습니다.

이처럼 같은 미용사이지만 '제 직업은 미용사입니다.'라고 말하는 사람인가, 아니면 '저는 미용을 통해 고객을 행복하게 만들어주는 일을 합니다.'라고 말하는 사람인가? 일에 대한 '목적'을 어디에 두느냐에 따라 고객의 내뱉는 말에 대해 이해하는 방식의 차이가 발생하고, 그 차이에 따라 만들어지는 결과도 크게 달라집니다. 그리고 그 결과를 차근차근 쌓아가다 보면 지금까지의 미용사로서의 '인생'이 또다시 크게 달라집니다.

이 시대에 '잘 나가는 스타일리스트'가 제공하는 진정한 가치란?

몇 년 전, NHK에서 미용업계를 대표하는 카리스마 미용사 세 명이 각자의 미용관과 업계의 전망에 대해 이야기를 나눈 프로그램이 방송된 적이 있습니다. 이 분들의 가치를 아는 스타일리스트들이 봤을 때 이 이상의 초호화 군단이 모인 대담 프로그램이 방송된 적은 없었습니다. 실제로 이러한 스타 미용사의 존재는 앞으로도 틀림없이 수많은 스타일리스트에게 희망을 안겨줄 것입니다. 또한 몇 년 후에는 새로운 히어로가 생겨나겠지요. 저는 그런 예감이 듭니다.

결코 화려하지 않지만 지식, 지혜 그리고 열정을 다해 모든 고객의 일상을 보다 풍요롭게 만들어 줌과 동시에 헤어샵에도 커다란 성과와 이익을 가져옵니다. 이러한 스타일리스트가 수많은 사람들로부터 존경과 동경을 받는 시대가 가까운 시일 내에 다가올 것이라고 확신합니다.

지극히 개인적인 주관이지만, 제가 생각하는 차세대 스타일리스트가 있습니다.

우선 실적면에서 기술매출은 지명으로 월 200만 엔이 넘으며, 매장판매 제품은 20만 엔의 매상고를 유지합니다. 1인당 고객단가는 평균 약 1만 엔입니다(각 수치는 헤어샵에 따라 요금차가 있기 때문에, 주관적임을 알려드립니다).

적어도 이 정도의 수치를 만들어 내는 미용사로서 명확한 사명감과 고객을 대하는 '공헌 마인드'를 가진 사람입니다.

앞으로의 10년, 성공하는 스타일리스트의 업무기술 사례②

미용사로서 고객에게 제공하는 진정한 '공헌'이란 무엇인가?

헤어샵 현장에서 고객에게 '공헌 마인드'를 발휘하다는 것은 구체적으로 어떤 방식을 말하는 것일까요? 어떤 상황일 때, 공헌 마인드를 발휘했다고 평가할 수 있을까요?

가능한 쉽게 이해할 수 있도록 예전 모 헤어샵에서 실시했던 강연의 한 장면을 재현하도록 하겠습니다.

테마는 6장에서 말하고 있는 미용사의 미션입니다.

이 내용은 헤어샵에서 팀장을 맡고 있는 여성 스타일리스트 S씨(29세)가 실천해 왔던 카운슬링 사례에 대해 이야기를 나누며 '고객의 이익'과 고객에게 제공하는 진정한 '공헌'은 무엇인가에 대한 토론입니다. 더욱 이해를 돕기 위해 자신이 이 상황에 있다고 상상하며 읽어보기를 권유합니다.

카운슬링 사례 R사 스타일리스트 S씨

〈고객: F씨, 28세, 육아중인 주부〉

스타일리스트 "F씨, 오늘 헤어스타일을 담당하게 된 S입니다. 저희 매장을 처음 찾아주셔서 감사합니다."

고객 "네. 항상 집 근처에 있는 헤어숍에 다녔었는데요. 가끔은 다른 곳에 가보면 어떨까라고 생각해서……."

스타일리스트 "그러셨군요. 정말로 감사합니다. 오늘은 커트와 파마 · 트리트먼트 세트를 원하신다고요."

고객 "네. 그렇게 부탁드려요."

스타일리스트 "그럼 먼저 원하시는 스타일을 여쭤보기 전에 확인하고 싶은 부분이 있는데요. 현재 헤어스타일에 대해서 특별히 불편한 점이라든지 신경 쓰이는 부분이 있으신가요?"

고객 "음, 머리숱이 많은 게 고민이에요. 손질하기 어려워서요."

스타일리스트 "머리숱이 많아서 손질하기 어려우시군요."

고객 "네. 그리고 머리끝이 푸석푸석한 것도 신경 쓰여요. 게다가 고데기로 말아도 바로 풀리는 것도요."

스타일리스트 "그렇군요. 머리끝이 푸석푸석하고 고데기로 잘 말리지 않아서 고민이시군요. 한 가지 더 여쭤보고 싶은 부분이 있는데요. 지금 말하신 고민들은 특별히 어떨 때 더욱 신경이 쓰이시나요?"

고객 "음. 아무래도 아침에 스타일링할 때라든가, 머리카락을 말릴 때요. 그리고 머리를 감을 때도요. 손질하기 편했으면 좋겠어요."

스타일리스트 "네. 알겠습니다. 기장은 어떻게 해드릴까요?"

고객 "솔직히 말하면, 이번 기회에 스타일을 바꾸고 싶어요. 가능하면 쇄골선까지 짧게 자르고 싶은데……."

스타일리스트 "스타일을 바꾸고 싶으세요? 참고로 스타일을 바꾸고 싶은 심경의 변화라고 있으셨어요?"

고객 "네. 사실 아이가 36개월 정도 되었거든요. 최근에 손이 덜 가게 되면서 조금이나마 (육아가) 편해졌어요. 저도 잘 모르겠지만 그냥 기분전환을 하고 싶어서……."

스타일리스트 "그러셨군요. F씨가 스타일을 바꾸고 싶은 심정을 저도 잘 알아요. 아이 돌보는 일이 보통 힘든 일이 아니잖아요. 하지만 한 사람의 여성으로 돌아가는 순간도 굉장히 중요해요."

고객 "맞아요! 다행이네요. 알아주셔서."

스타일리스트 "그렇다면 오늘은 어떤 스타일로 하면 좋을지 설명해 드려도 될까요?"

고객 "네. 잘 부탁드려요."

(이후 시술방법 설명 → 시술에 들어간다.)

완성단계의 대화

스타일리스트 "아이가 어려서 손질할 시간도 없으실 것이라고 생각해요. 지금 해드린 것처럼 간단하게 손으로만 손질하는 방법을 알려드릴게요.(방법설명: 중략) 어떠세요?"

고객 "이렇게 간단하게 손질할 수 있는 거예요? 이 정도면 저도 할 수 있겠어요. 사실은 오늘 처음 와 본 곳이라서 살짝 불안했었는데, 오길 잘 한 것 같아요!"

스타일리스트 "그렇게 말씀해 주셔서 제가 더 감사하지요. F씨, 아직 아이가 어려서 이래저래 힘드시겠지만, 2개월에 한 번 정도 찾아오신다면 제가 책임지고 만족하시는 스타일을 만들어 드리겠습니다. F씨가 언제나 멋진 스타일을 유지할 수 있도록 시간을 저에게 할애해 주시겠어요?"

고객 "고마워요. 이렇게 말해주는 미용사는 처음이에요! 자주 찾아올 수 있도록 저도 노력해 볼게요. 저야말로 앞으로 잘 부탁드려요."

잘 나가는 스타일리스트는 공감하는 능력이 다르다.

하시모토 마나부 "S씨가 훌륭한 카운슬링을 실천했는데요. 카운슬링 중에서 S씨가 고객 F씨에게 어떤 가치를 제공했는지에 대해 다함께 의견을 나눠보고 싶습니다. 우선 이 부분이 특히 좋았다고 느낀 부분이 있다면 발언해 주세요."

K "저요."

하시모토 마나부 "네. K씨 말씀하세요."

K "S팀장의 카운슬링을 듣고 대단하다고 느꼈습니다. 고객의 감정을 소중하게 여기고 있다는 느낌이 잘 나타난 부분은 '바꾸고 싶은 심정을 저도 잘 알아요.'라며 고객에게 공감한 장면인데요. 저는 그 말 한마디가 있었기 때문에 고객이 S팀장을 전면적으로 신뢰하게 되었고 어떤 제안이라도 모두 받아들일 심리상태가 되었다고 생각합니다."

일동 : "맞아요."

M "저요."

하시모토 마나부 "네. M씨, 말씀하세요."

M "좀전에 K씨가 말했던 코멘트에 하나 덧붙이자면 저는 '바꾸고 싶은 심정을 저도 잘 알아요.'라고 공감한 후에 '아이 돌보는 일이 보통 힘든 일이 아니잖아요. 그래도 한 사람의 여성으로 돌아가는 순간도 굉장히 중요해요.'라는 말에 고객이 매우 감동했다고 생각합니다."

하시모토 마나부 "그렇네요. 저도 그 말이 가장 좋았다고 생각합니다. S씨, 이 말은 어떤 마음에서 건네게 된 말인가요?"

S "제가 특별히 카운슬링 공부를 하면서 의식하고 있는 부분이 있는데요. 바로 전업주부나 커리어우먼 모두 각자의 위치나 역할은 다르지만, 하루에 한번은 여성으로 돌아갈 시간을 만들어 주자이거든요."

하시모토 마나부 "그렇군요. 아주 중요한 이야기에요. 조금 더 자세하게 이야기 해주시겠어요?"

'여성 고객을 여자로 만들어라'는 의미는?

헤어스타일이 아닌 인생을 즐겁게 만드는 기회다.

S "이번에 만났던 고객 F씨처럼 특히 아이가 어리고 한창 육아에 힘을 쓰고 있는 주부는 첫 번째 우선순위가 육아, 두 번째가 가사로 자신에게 할애할 시간이나 마음의 여유가 거의 없습니다. 그런 상황 때문에 스트레스가 쌓이게 되고, 그렇게 쌓인 스트레스는 육아에 악영향을 줄 가능성이 있습니다."

K "스트레스가 점차적으로 확산되어 육아방임이라든가, 최악의 경우 학대로까지 발전하는 것입니까?"

S "네. 가능성이 전혀 없는 이야기가 아닙니다. 그렇기 때문에 힘들더라도 가끔은 엄마가 아닌, 아내가 아닌 한 명의 여성으로 돌아가야 합니다. 이를 위해서 헤어를 손질하는 정도의 소소한 일이라도 좋으니까, 여성으로 돌아갈 계기를 미용사인 우리들이 만들

수 있다고 생각합니다.”

일동 : 대단해요.

A “그렇군요. 그러한 생각을 가지고 있었기 때문에 S팀장이 헤어스타일을 완성했을 때 ‘2개월에 한 번 정도 찾아오신다면 제가 책임지고 만족하시는 스타일을 만들어 드리겠습니다. F씨가 언제나 멋진 스타일을 유지할 수 있도록 시간을 저에게 할애해 주시겠어요?’라고 한 말에서 강력한 힘이 느껴졌어요.”

하시모토 마나부 “맞아요. 저는 S씨가 고객에게 전한 마지막 말은 쉽게 할 수 있는 말이 아니라고 생각해요. 그런 말을 할 수 있었던 이유는 앞서 S씨에게는 고객을 ‘한 명의 여성으로 돌아갈 시간을 만들어주자.’라는 명확한 미션이 있었기 때문입니다.

이것이야말로 고객을 향한 ‘진정한 공헌 마인드’라고 할 수 있으며, 이처럼 자신이 어떤 생각을 가지고 고객에게 도움을 줄 수 있을지, 조금이라도 일상생활을 즐겁게 만드는 방법은 무엇일지 등을 생각하는 사람이 결과적으로 많은 고객으로부터 사랑을 받게 되고, 매출도 자연스럽게 높아집니다. 앞으로 미용업계의 히어로와 히로인은 이러한 의지를 가진 미용사가 될 것이라고 저는 확신합니다.”

K "그렇군요. 그렇게 생각해 보면 우리들은 무궁무진한 가능성을 가진 일을 하고 있네요."

하시모토 마나부 "맞아요. 이곳에 있는 여러분의 직업은 그저 고객의 머리카락을 자르거나, 파마를 하는 것이 아니라 미용으로 고객에게 일어나는 변화 혹은 인생을 더욱 즐겁게 만들어 주는 일을 하고 있는 것입니다.

지금까지 반복해서 이야기 하고 있는 '제 직업은 미용사입니다.'가 아닌, '저는 미용을 통해 고객을 행복하게 만들어 주는 일을 합니다.'라고 대답하는 사람이 되어 주세요."

H "작년부터 하시모토 선생님께서 계속해서 강조하신 이야기인데요. 부끄럽지만, 이제야 겨우 그 의미를 이해하게 되었습니다. 지금까지 직원들의 동기부여를 높이기 위해 토론회라든가 헤어쇼, 이벤트에 중점을 두었습니다. 하지만 정말로 중요한 부분은 자신들의 직업에 대한 가치를 이러한 사례를 통해 배울 수 있도록 구체적으로 알려주는 것에 있었네요."

하시모토 마나부 "맞아요. 정확히 이해하셨네요, H씨(웃음). 물론 크리에이터로서 화려한 경험을 할 수 있게 도와주는 것도 필요하지만, 미용이라는 자신들의 직업이 사람들의 인생을 보다 즐겁게

만들어 주는 커다란 가치를 가지고 있다는 것을 정확하게 알려주
세요. 이러한 방법으로 '자신이 가치 있는 일을 하고 있다.'는 것을
젊은 친구들에게 알려주는 인재가 진정한 리더라고 생각합니다."

누구나 '여성성'과 '남성성'을 가지고 있다.

일련의 장면을 보고난 후, '그렇다면 여성으로 돌아가라고 하는
데, 여성으로 태어났으니까 언제나 여성으로 있는 것이 아닌가요?'
라는 의문이 떠오르는 사람도 있을 테지요. 물론 성별로서는 여성
이지만, 마음의 모드가 24시간 '여성'으로 있는 것이 아닙니다.

여성 중에서도 '남성스러운' 측면이 있기도 하고, 반대로 남성 중
에서도 '여성스러운' 측면이 있기도 합니다. 이를 '남성성' '여성성'
이라고 말합니다. 이 의미를 자세히 설명하려면 이야기가 길어지
기 때문에 단어의 간단한 의미만 말하자면, 남성성이란 '책임 · 해
결 · 논리적 · 성공 · 리더십' 등의 단어로 표현하며, 여성성은 '자상
함 · 유연함 · 공감 · 공유 · 풍부한 감정' 등으로 나타냅니다.

예를 들어 만약 당신이 여성 스타일리스트라고 한다면, 성수기
주말, 개점부터 폐점까지 고객의 예약이 꽉 차 있어 숨을 돌릴 여
유조차 없는 날, '100% 여성모드'로 일을 하나요?

이와 마찬가지로 고객도 거래처와 힘든 교섭을 하기도 하고, 육아 중인 엄마는 '가정교육'을 위해 아이를 혼내는 등, 그녀들의 마음은 남성모드(목적을 나타내는 의미로서)로 전환한 상태, 즉 '남성성'을 발휘하게 됩니다.

이렇게 생각해 보면, 실제로 여성이 하루 일과 중에 '남성성'에 지배되는 시간은 상상 이상으로 깁니다. 문제는 여성에게 그러한 상태가 길어지면 본래의 자상함·유연함·공감 등으로 대표되는 정서인 여성다움이 줄어들어, 사람의 감정을 움직이는 섬세한 부분을 보지 못하게 되는 상태에 빠지기 쉬워집니다.

커뮤니케이션의 목적은 무엇인가?

6장에서 등장했던 스타일리스트 S씨가 이러한 인간심리가 있다는 것을 이해한 다음, 고객에게 '한 명의 여성으로 돌아갈 시간을 만들자.'고 제안했는지는 정확하게 모릅니다.

다만 S씨는 고객의 '여성성 결여'를 회피하지 않았을 뿐더러, 오히려 '공헌 마인드'로 말을 건넸기 때문에 결과적으로 고객은 앞으로의 육아 또는 그 외의 일상생활을 마주하는 데 필요한 힘을 얻게 되었습니다.

유명한 커뮤니케이션 연구자는 다음과 같이 말했습니다. '커뮤니케이션을 하는 진정한 목적은 상대를 행복하게 만들어 주는 데 있다.'

S씨처럼 미용사로서 '저는 미용을 통해 고객을 행복하게 만들어 주는 일을 합니다.'라고 말하는 사람은 누구에게 배운 것이 아니라 그 본질을 스스로 이해한 것입니다.

앞으로의 미래, 미용업계는 '인생 서포트 업'이 된다.

'마케팅 4.0 시대'에 요구되는 미용사

며칠 전의 일입니다. 세미나 중 질의응답 시간에 헤어샵 오너로부터 다음과 같은 까다로운 질문을 받았습니다. "〈마케팅 4.0〉의 시대에 맞춰 스타일리스트를 육성하기 위한 포인트가 있다면, 하시모토 선생님의 생각을 듣고 싶습니다."

〈마케팅 4.0〉이라는 단어가 나온 시점에서 다른 참가자들의 손에 있는 〈마케팅 1.0〉에 대한 설명이 필요해졌습니다. 이 질문에 대답하기 위해서는 이야기가 길어진다는 점을 다시 한번 설명한 후에 제 생각을 이야기 했습니다.

'근대 마케팅의 아버지'라 불리는 필립 코틀러 씨는 저서 『마켓 3.0(모든 것을 바꾸어 놓을 새로운 시장의 도래)』에서 마케팅 시장의 진화를 3단계로 나누어 설명했습니다.

첫 번째 단계의 〈마케팅 1.0〉은 제조자와 판매자 측에 의한 제품 중심, 즉 2차 세계대전이 끝난 후 제품부족을 해소하기 위해 대량으로 제품을 만들어 시장에 공급하는 물량 중심의 마케팅입니다. 이어서 〈마케팅 2.0〉은 소비자의 다양한 욕구, 예를 들어 다른 사람이 갖고 있지 않은 물건, 나만의 것으로 느껴지는 물건 등 소비자의 다양한 욕구를 만족시키는 제품을 만드는 이른바 소비자 지향을 중시한 마케팅입니다.

이에 반해 〈3.0〉 매우 추상적이며, 목적은 '어떤 세계를 만들고 싶은가?'라는 가치주도의 마케팅입니다. 사례를 살펴보면 모 음료 제조사는 자사 브랜드의 홍차제품을 제조하는 데 찻잎의 25%를 스리랑카에서 수입합니다. 제조사는 찻잎 조달을 안정적으로 유지하기 위해 스리랑카에 다양한 지원을 실시하고 있습니다. 즉, 홍차를 팔수록 스리랑카 국력향상에 공헌하는 구조입니다.

이러한 제품의 제공자와 소비자가 협동할수록 세상이 점점 좋아집니다. 그리고 이러한 정보가 SNS에 의해 확산되어 사회공헌 미션을 가진 기업이 소비자로부터 지지를 받는 것이 〈3.0〉의 정의입니다.

이러한 프로세스를 거쳐 제창되는 것이 〈마케팅 4.0〉으로 고객의 자기실현을 위해 상품과 서비스가 제공되는 것을 목적으로 합니다. 저는 〈마케팅 4.0〉의 컨셉이야말로 과거부터 지금까지 우수한 스타일리스트들이 고객에게 제공해 왔던, 혹은 앞으로 미래에서 제공해야 할 중핵적인 가치라고 생각합니다.

6장에서 반복해서 언급하는 '저는 미용을 통해 고객을 행복하게 만들어 주는 일을 합니다.'의 '행복'이란 고객의 '자기실현'입니다.

미용사로서 고객의 '자기실현 욕구'를 만족시키기 위해서 어떤 일을 해야 하는가?

각각의 고객이 안고 있는 '자기실현 욕구'를 위해 스타일리스트는 어떤 도움을 줄 수 있는가? 도움을 주기 위해서 우선 고객으로부터 '자기실현이란 무엇인가?'를 들을 수 있을 정도의 신뢰를 얻어야만 합니다. 하지만 1장부터 6장에 걸쳐 이야기 했듯이 커뮤니케이션의 노하우, 스킬 이른바 사고방식을 갖지 않는다면, 신뢰를 얻을 수 없다는 것 정도는 알 수 있겠지요.

자기실현이란 인간이 자신의 인생에 있어 거대한 꿈을 이루는 것과 마찬가지로 자신에게 중요한 사람들로부터 자신을 소중히 생각한다는 느낌을 받는 것도 엄청난 자기실현입니다.

예를 들어 모 헤어샵의 방문강연에서, 한 명의 여성 스타일리스트가 발표한 사례에 다음과 같은 일이 있었습니다. 초등학교 5학년 여자아이, K양을 담당했을 때의 일입니다. K양에게 "오늘 어떻게 머리를 자르고 싶니?"라고 묻자, K양은 부끄러워 하며 자신의 바람을 다음과 같이 이야기 했습니다.

"같은 반 친구 중에 좋아하는 남자아이가 있어요. 그 아이는 잘생긴 데다가 운동신경도 좋아서 모든 친구들의 주목을 받을 정도로 인기가 있는 친구예요." K양은 그 친구에게 관심을 얻기 위해서 남자아이가 좋아하는 아이돌 스타일로 해달라고 했습니다. 무척이나 귀여운 에피소드이지만, 스타일리스트로서는 고객의 자기실현에 도움을 주는 것이 바로 이러한 장면입니다.

또한 다음과 같은 사례도 있었습니다. 올해 50세가 되는 고객 Y씨는 지금까지 해온 의상디자인의 경험을 살려, 이미지 컨설턴트로 독립을 결심했습니다.

그런데 그녀에게는 5년 동안 투병생활을 해오는 어머니가 있고, 그녀 자신도 갱년기를 겪고 있어 불안정한 날들이 계속 되고 있었습니다. 하지만 '여자로서 다시 한번 꽃을 피우고 싶다.'라는 뜨거운 감정을 주체하지 못해, 드디어 이번에 결단을 내렸다고 합니다.

스타일리스트는 Y씨의 자기실현에 있어 어시스트는 물론이고 성공 기원의 바람을 담아 멋진 헤어스타일을 완성시켰습니다.

자기실현을 하는 데 뜨거운 에너지가 필요하다.

고객의 자기실현을 도우려고 할 때, 현실적으로 고객이 어떤 상태가 되어줘야 할까요?

무엇보다 인간이 자기실현을 이루기 위해서는 적어도 심신을 긍정적인 상태로 만들지 않으면 자기실현을 이루기 어렵습니다. 고객 Y씨처럼 긍정적인 레벨이 높을수록 그에 합당한 에너지와 동기부여가 필요합니다.

예를 들어 의료행위가 인간을 질병이라는 마이너스 상태에서 건강한 제로 상태로 되돌리는 것을 사명으로 여긴다면, 미용은 고객이 생명력 가득한 플러스 세계에서 생활할 수 있는 조건을 만드는 것을 사명으로 여겨야 합니다.

앞으로의 미래, 미용업은 '인생 서포트 업'으로 진화한다.

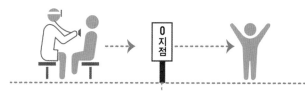

인간을 질병이라는 마이너스 상태에서 건강이라는 제로 상태로 되돌리는 것이 의료의 역할

인간이 자기실현을 이루기 위해서는 에너지 넘치는 플러스 상태로 유도 하는 것이 미용업의 사명

일반적인 이미지로, '건강한 상태'란 제로지점을 나타낸다.

미용업을 중심으로 '초 · 건강산업' '인생 서포트 업'으로 역할을 확대한다.

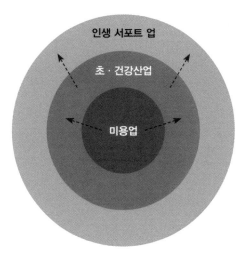

이것은 보기만 해도 희망이나 기쁨으로 빛나며, 주변에도 에너지가 흘러넘치며, 행운이나 복을 끌어들이는 파워풀한 상태를 말합니다.

즉, 앞으로 스타일리스트의 업무는 미용이라는 중핵적인 가치를 고객에게 제공함으로써 '초·건강상태'를 유도하고, 자기실현이라는 말로 대표되는 고객의 '인생 서포트' 범위까지 확산시켜 가야합니다.

고객과 이러한 관계를 만들기 위해서 필요불가결한 스킬이 카운슬링의 힘입니다. 그 가치를 이 책을 통해 재확인하게 된 당신이 스킬 향상에 언제나 노력하기를 진심으로 바랍니다.

이 시대야말로 카운슬링의 힘을 차곡차곡 쌓는 것이, 당신과 당신의 헤어샵에 '번창'을 이끌어낼 것이라고 저는 확신합니다.

고객을 울리는 냉혹한 스타일리스트

제 강연을 듣는 학생들 중에는 고객을 울리는 냉혹한 스타일리스트들이 몇 명 있습니다.

물론 고객이 슬퍼서 우는 것은 아닙니다. 카운슬링 대화중에 자신의 감정선을 자극하는 말을 들은 고객이 감격한 나머지 자신도 모르게 눈물을 흘리게 됩니다.

매우 흥미롭게도 모든 고객들은 마치 정해진 것처럼 다음과 같은 말을 합니다.

'어째서 그렇게까지 저를 잘 이해해 주는 거예요?'

'마치며'의 단락까지 읽어주신 여러분들이라면 이미 이해하셨겠지요. 이 책에서 전달하고자 하는 본질을 이해한 다음 카운슬링을 시작하고 고객과의 대화에 적용하다 보면, 몇 분 지나지 않아 고객은 스타일리스트에게 마음을 열고, 자신의 사적인 이야기까지 털어놓는다는 것을요.

고객은 인간관계에 대한 고민이나 연애 혹은 결혼생활·가족·일에 대한 불안이나 희망을 이야기합니다. 이처럼 스타일리스트는 각각의 고객으로부터 이른바 희로애락의 에피소드를 듣습니다.

이 단계에 이르게 되면, 미용실에 찾아온 고객과 담당 스타일리스트라는 관계를 넘게 됩니다. 즉, 고객은 자신의 기분을 솔직하게 털어 놓을 수 있는 친구와 함께 시간을 보내고 있다고 생각하게 됩니다.

이때 '고객을 울리는 스타일리스트'는 고객이 고민이나 불안이라는 부정적인 부분을 안고 있다면 조금이라도 부정적인 생각을 덜어 주기 위해 노력하고, 또한 희망이나 두근거림이라는 긍정적인 부분이라면 더욱 긍정적인 에너지를 발산할 수 있도록 유도합니다. 그리고 고객이 한순간에 웃는 얼굴로 바뀔 수 있도록 다음과 같은 말을 곁들입니다. "OO님의 기분전환을 위해서, 저도 최선을 다하겠습니다."

어떠신가요? 고객이 '어째서 이렇게까지 저를 잘 이해해 주는 거예요?'라며 감동 받는 이유를 알 것 같지 않나요?

가족도 아니고 친구도 아니며 연인사이도 배우자도 아닌 단지 조금 전에 우연히 만난 미용사가 '행복한 기분이 들게 만들어 주었다.'라는 것입니다.

고객은 헤어스타일을 정돈하기 위해 헤어샵에 찾아왔을 뿐인데 헤어스타일은 물론 마음까지 정돈되었습니다. 그리고 '내일부터 다시 한번 힘내자.'라는 기분이 들게 됩니다.

이처럼 대다수의 고객에게 다른 곳에서는 일어나지 않고, 지금까지 맛보지 못했던 행복한 기분을 제공할 수 있는 가능성을 가진 미용을 직업으로 삼고 있다는 것이 얼마나 행복한 일인가요?

'시작하며'에서 언급했듯이 당신이 '이후 어떤 경제환경에 처해지더라도 당신과 함께하는 모든 고객이 행복해지고, 미용사 인생의 마지막 순간까지 경제적인 측면이나 정신적인 측면 모두 풍요롭게 살아갈 수 있다. 이를 위해 필요한 비즈니스 스킬을 몸에 익히는 데 도움을 주기' 위해서 한 권의 책으로 엮었습니다.

당신을 시작으로 한 명이라도 더 많은 사람들이 이 책을 계기로 자신이 꿈꿔온 이상을 현실에서 이루길 진심으로 바랍니다.

그리고 마지막으로.

이 책을 출판하게 되면서 수많은 분들에게 많은 도움을 받았습니다. 이 자리를 빌려 감사의 마음을 전합니다.

우선 이 책의 집필 기회를 주시고 또한 각 장에 걸쳐, 서툰 문장을 몰라볼 정도로 알기 쉽게 정리해 주신 주식회사 동문관출판의 후루이치 다쓰히코 편집장님께 깊은 감사의 말씀을 전합니다. 정말 감사합니다.

그리고 클라이언트와 세미나 강사의 관계이지만, 때때로 그 관계를 넘어 소중한 업무 파트너이자 인생의 파트너로서 언제나 저에게 귀중한 깨달음과 힘을 주시는 여러 헤어샵의 오너를 비롯해 스태프 여러분께 인사를 전합니다.

유한회사 라 리비에르(La Riviere)의 후쿠이 타케노리 사장님과 스태프 여러분. 이전 책에 이어 이번 책을 집필함에 있어 여러분과 함께 얻은 배움을 통해 수많은 노하우와 일에 대한 사고방식을 충분히 담았습니다. 감사합니다.

주식회사 필 앤드 크리에이션(feel and creation)의 후루가와 타쓰미 사장님과 스태프 여러분. 오늘에 이르기까지 6년 이상 이어왔던 월 1회 강연과 더불어 강연내용을 매번 영업에 활용해 주신 덕분에 잇따라 생겨난 성공사례가 없었다면 여기까지 정리할 수 없었을 것입니다. 진심으로 감사의 말씀을 전합니다.

유한회사 진(Jin)의 나가미 마사루 사장님과 스태프 여러분. 귀사와의 교류가 시작된 지 3년 반, 이 기간 동안 수많은 스타일리스트들이 눈부신 성장을 이뤄준 덕분에 이 책에서 진하고자 하는 노

248

하우와 스킬의 유효성을 자신있게 단언할 수 있었습니다. 감사합니다.

또한 이번 집필에 있어 여러 차례 취재에 협조해 주시고, 유용한 힌트를 주신 주식회사 포럼(Forum)의 나가모리 히로아키 사장님께 마음 깊이 감사드립니다.

그리고 이 책이 출판되기를 누구보다 기다려 주셨지만, 집필을 마치기 직전에 돌아가신 주식회사 제너두 재팬(xanadujapan)의 오시모토 히로시 전 사장님. 방문강연을 통해 오시모토 사장님과의 만남이 시작된 직후, 저는 지금까지의 인생에서 가장 어려운 문제와 마주하게 되었습니다.

오시모토 사장님께서 보내주신 수많은 위로와 격려가 없었다면, 단행본 한 권을 엮어낼 수 있는 에너지는 생기지 않았을 것입니다.

아쉽게도 지금은 직접 만나 인사를 드릴 수 없지만, 천국에서 언제나 오시모토 전 사장님이 저를 지켜주실 것이라는 것을 믿고, 귀사의 임직원을 포함해 모든 미용사들의 성장과 성공에 미력하지만 힘이 될 수 있도록 제가 할 수 있는 모든 힘을 다해서 도울 것을 맹세합니다.

정말 마지막으로 몇천만 권이 유통되는 서적 속에서 이 책을 선택하고 또한 이 '마치며'의 단락까지 읽어주신 여러분께 진심으로 감사의 마음을 전합니다.

정말 감사합니다.

하시모토 마나부

| 참고문헌 |

• 오디오교재 『카피라이팅 세미나 2000 – 20%의 노력으로 80%의 성과를 이루는 방법』(주식회사 알마크리에이션)

• 『글라써 박사의 선택이론』 윌리암 글라써 지음, 어치브먼트 출판.

• 『당신의 세일즈에 SPIN을 걸어라』 닐 라컴 지음, 허스웨이트코리아 옮김, 김앤김북스 2001.

• 『돈의 과학』 제임스 스키너 지음, 포레스트 출판.

• 『설득의 심리학』 로버트 치알디니 지음, 이현우 옮김, 21세기북스, 2002.

• 『마켓 3.0(모든 것을 바꾸어 놓을 새로운 시장의 도래)』 필립 코틀러 지음, 안진환 옮김, 타임비즈, 2010.

• 『화내는 여자 질리지 않는 남자』 구로카와 이호코 지음, 치쿠마신서.

• 『카운슬링 기술 – 지명매상을 2배 · 3배 늘리는 스타일리스트 속출!』 하시모토 마나부 지음, 비비컴.

• 『속편 · 카운슬링 기술 – 카운슬링을 단련하면 수많은 감동이 돌아온다』 하시모토 마나부 지음, 비비컴.

헤어디자이너를 위한 고객과의 대화법

초판 1쇄 발행 | 2022년 9월 14일
지은이 | 하시모토 마나부
옮긴이 | 김은혜

펴낸곳 | 주식회사 해와달콘텐츠그룹
브랜드 | 유월사일
출판등록 | 2019년 5월 9일 제 2020-000272호
주소 | 서울특별시 마포구 양화로 183, 311호

ISBN | 979-11-91560-25-1(13320)

TOP BIYOGYO CONSULTANT GA OSHIERU KYOUI NO COUNSELLING KAIWAJUTSU
Copyright © Manabu Hashimoto 2016
All rights reserved.
First original Japanese edition published by DOBUKAN SUPPAN,CO.,LTD.
Korean translation rights arranged with DOBUKAN SUPPAN,CO.,LTD., Japan
through CREEK&RIVER Co., Ltd. and Shinwon Agency Co.